ビジネス教養としてのゴルフ

ゴルフプロデューサー
全米オープン・
全英オープンキャスター
戸張 捷
sho tobari
監修

KADOKAWA

はじめに

なぜエグゼクティブたちは、今もゴルフをビジネスに活用するのか？

まず、最初にお伝えしたいことがあります。タイトルにもあるように本書は、ビジネスパーソンがゴルフをビジネスで活用し、成果を得るための知見を提供するものです。スコアを良くするための教則本ではありません。

近年、「接待ゴルフ」を見かけることは少なくなってきました。しかし、今も変わらずゴルフをプレーしている層がいます。それは、経営者や富裕層などのエグゼクティブです。

安倍首相がアメリカのトランプ大統領を招いてゴルフ外交を行なったことに象徴されているように、今でもゴルフは、ビジネスエリートの間ではさかんなのです。

そして、それは年輩の経営者や富裕層だけの話ではありません。若いＩＴベンチャーの経営者たちも積極的にゴルフをしています。なぜ合理主義者の彼らがゴルフをするのか？　そこには、「メリット」があるからにほかなりません。

ゴルフは人と人とを結びつけるユニバーサルジョイントの役目もしてくれます。ビジネスチャンスをつかみたいとき、社内外での評価を上げたいとき、取引相手の信頼を得たいとき……。多くのシーンで、ゴルフは非常に有効かつ強力な手段となります。また、プレー中はふだんの仕事の場では見られない人柄や性格が見られるため、円滑な関係構築につながるのです。さらに、グローバルでゴルフは共通言語となりえます。

逆に、そのマナーや慣習、ルールを知らないと、恥をかくだけでなく、あなたのビジネス上の評価にもマイナスの影響をおよぼすでしょう。

そこで本書では、エグゼクティブだけが知っているゴルフの教養を紹介します。

もちろん、ビジネスパーソンがゴルフの接待・コンペなどに参加する際に役立つマナーや、知らないと困る慣習、押さえておくべきルールのほかに、評価を上げるための教養としてのゴルフ史なども紹介しています。私は監修者として、これまでの経験から得た解説を加えました。さまざまなゴルフトーナメントやゴルフイベントをプロデュースしてきた私の視点も、役立つことがあるはずです。

ゴルフの技術書やファッションカタログ本は数あれど、ゴルフをビジネスで活用するための指南書はほかにありません。ゴルフで評価を上げることで、1段階上のステージに上がりたいすべてのビジネスパーソンの参考となるはずです。そして、本書によりゴルフの奥深さに触れ、あなたのプレーへの喜びが大きくなれば、何よりも幸いです。

2020年4月

戸張《とばり》　捷《しょう》

接待・コンペで使いたい 8つのゴルフコース

日本には、２２００以上のゴルフコースがあります。ここでは、由緒正しい名門コースから、めったにプレーできないプレミアムコースまで、ゴルフをプレーする人なら知っておいたほうがよい８つのコースを紹介します。

- 1. 廣野ゴルフ倶楽部（兵庫県）
- 2. 川奈ホテルゴルフコース 富士コース（静岡県）
- 3. 神戸ゴルフ倶楽部（兵庫県）
- 4. 雲仙ゴルフ場（長崎県）
- 5. 東京ゴルフ倶楽部（埼玉県）
- 6. 小金井カントリー倶楽部（東京都）
- 7. よみうりゴルフ倶楽部（東京都）
- 8. 旧軽井沢ゴルフクラブ（長野県）

世界 USゴルフマガジン2020–2021選出 トップ100に入ったコース

① 廣野ゴルフ倶楽部 (兵庫県)

アメリカのゴルフ雑誌が選ぶ世界のゴルフコースランキングで、日本国内最上位にランクされたコース。国内メジャー最高峰の「日本オープン」が過去に５回開催された。

開　場：1932(昭和7)年
設　計：C・H・アリソン
所在地：〒673-0541
兵庫県三木市志染町広野7-3

② 川奈ホテルゴルフコース 富士コース (静岡県)

毎年ゴールデンウィーク前半にフジサンケイレディスクラシックが開催される。2019年大会で無名に近かった渋野日向子が２位に入り、ブレイクのきっかけとなった。

開　場：1936(昭和11)年
設　計：C・H・アリソン
所在地：〒414-0044
静岡県伊東市川奈1459

歴史と伝統を誇る名門コース

日本のゴルフ黎明期に誕生

③ 神戸ゴルフ倶楽部（兵庫県）

日本のゴルフ史は
ここから始まった!
神戸ゴルフ倶楽部 提供

日本で一番初めに開場した。開場当初から、１番ホールは「ダンピー」（ウイスキーの名前）、２番ホールは「神戸」など、各ホールに愛称がつけられている。

開　場：1903（明治36）年
創　設：A・H・グルーム
所在地：〒657-0101
兵庫県神戸市灘区六甲山町一ケ谷1-3

④ 雲仙ゴルフ場（長崎県）

日本でもっとも古いパブリックコース（会員でなくても利用可能なコース）として誕生した。現在は会員制となっている。雲仙国立公園の自然を楽しみながらプレーできる。

開　場：1913（大正2）年
設　計：C・F・ダイクマンほか
所在地：〒854-0621
長崎県雲仙市小浜町雲仙548

⑤ 東京ゴルフ倶楽部（埼玉県）

大蔵大臣、日銀総裁などを務めた井上準之助などによって設立されたコース。開場時は現在の駒沢オリンピック公園にあったことから、「東京」の名がつけられた。1940年、現在地に移転。

設　立：1913（大正2）年
設　計：大谷光明
所在地：〒350-1335
埼玉県狭山市柏原1984

会員権が入手困難な高級コース

プレーできるだけでも幸運

⑥ 小金井カントリー倶楽部（東京都）

都心から1時間!
武蔵野の緑に囲まれたコース

都心に近く、バブル期に会員権が約４億円に達したプレミアムなコース。現在も会員権は4000万円台（2019年10月現在）。戦時中の1942年には、「日本プロ」が開催された。

開　場：1937（昭和12）年

設　計：W・ヘーゲン

所在地：〒187-0012
東京都小平市御幸町331

⑦ よみうりゴルフ倶楽部（東京都）

遊園地よみうりランドに隣接する法人会員制の丘陵コース。西側に隣接する東京よみうりカントリークラブでは、年末に日本ツアー最終戦「ゴルフ日本シリーズ」が開催される。

開　場：1961（昭和36）年

設　計：OUT　井上誠一
IN　浅見緑蔵

所在地：〒206-0812
東京都稲城市矢野口3376-1

⑧ 旧軽井沢ゴルフクラブ（長野県）

日本有数の避暑地・軽井沢に最初につくられた12ホール、パー48のゴルフコース。通称は「旧軽」で、のちに誕生した軽井沢ゴルフ倶楽部は「新軽」と呼ばれる。

開　場：1919（大正8）年

設　計：トム・ニコル、
J・M・ポーレット（改造）

所在地：〒389-0102
長野県北佐久郡軽井沢町旧道

CONTENTS

〈はじめに〉なぜエグゼクティブたちは、今もゴルフをビジネスに活用するのか？ — 3
接待・コンペで使いたい 8つのゴルフコース — 6

1番ホール ビジネスとしてのゴルフ

ゴルフはビジネスにない「特殊な密室」をつくる — 20
企業がゴルフに投資する理由 — 23
ゴルフは人生を豊かにする価値観を育む — 26
文武両道の米ツアー選手 — 28
技術より重要なコースマネジメント — 30
ゴルフ会員権は、なぜ価格が高騰したのか？ — 32

業界トップイベント!!　四大メジャーの成り立ち──34
恥をかかないために押さえておきたい用語──37

2番ホール

歴史としてのゴルフ

「聖地にならえ」で決まった18ホール──42
水道管で決まったカップの大きさ──45
バーディーの語源は「鳥」──47
ゴルフはローマ生まれ、スコットランド育ち──50
日本のゴルフは神戸で誕生──55
なぜ、ブームとなったのか？　日本ゴルフ界の変遷──57

最低限押さえておきたいレジェンドプレーヤー —— 61
タイガー・ウッズは、なぜ復活できたのか？ —— 70
祝、全英女子制覇！ 「しぶこ」は何がすごい？ —— 72

3番ホール

評価が上がるマナー

「ゴルフ昇進」を実現する2つの鉄則 —— 76
名門ゴルフ場におけるドレスコード —— 80
初心者にありがちなマナー違反 —— 84
ショット後の修復は同伴者への気配り —— 87
安全にラウンドするための3つの心得 —— 92

スロープレーで迷惑をかけないための共通認識 ― 94
気を抜けないクラブハウスでのマナー ― 96
信頼されるゴルファーはスタッフにも礼儀正しい ― 100
交渉を成功に導く接待ゴルフの神ワザ待遇 ― 102
プレー前が勝負！　抜かりないラウンドの準備 ― 106
女性とラウンドするときのマナー ― 108
外国人とも気持ちよく回る技術 ― 110

4番ホール

接待がスムーズに運ぶコースでの慣習

接待・コンペで必須！ ハンディキャップの決め方 — 116
幹事が知っておくとコンペが盛り上がる決め事 — 118
コンペの幅を広げるゲーム方式 — 124
ボールのそばにある葉や石ころなどの扱い — 127
ラウンド前からビジネスは始まっている — 130
接待で「ファー」と言うのは気づかい？ 失礼？ — 134
盛り上げ上手の「ナイスキック」の使い方 — 137
打順の決め方は最初のコミュニケーション — 140
セルフプレーでのカートの扱い方 — 142

ホールインワンのお祝いは日本だけの慣習 ── 144

5番ホール

必ず押さえておくべきゴルフのルール

「紳士のふるまい」はルールに明記されている ── 150
ゴルフの常識が変わった？　ルール改正のポイント ── 152
美しいスコアカードのつけ方 ── 156
キャディとの接し方で人間性が見透かされる ── 162
バンカーから出せなくてもあせるな！ ── 166
「ピンを立てたままカップイン」してOK ── 168
スマートな誤球の防ぎ方 ── 172

OB後のふるまいにこそ人間性が表われる──174
忘れてはならないマッチプレーの醍醐味──176
ボール探しのルールとコツ──180
残念な「クラブをたくさん持つ人」──182

6番ホール

ココで差がつく用具の話

ラウンド前日にチェックするモノ──188
パターカバーで悪評から身を守る──192
ティー、マーカーは複数用意して接待ツールに──194
用具の手入れでわかる腕前と性格──196

ドライバーは進化し続ける —— 200
実力、身の丈に合ったクラブの選び方 —— 203

1番ホール

ビジネス

としての
ゴルフ

ゴルフはビジネスにない「特殊な密室」をつくる

なぜ、ゴルフはビジネスに使われるのか

いわゆる「エグゼクティブ」クラスのビジネスパーソンは、ゴルフを重要なコミュニケーションツールのひとつとして活用している。

安倍首相とアメリカのトランプ大統領のゴルフも、その一例だろう。2人は、ゴルフを通じて相手を観察している。トランプ自身、ただのゴルフ好きではなく、「相手を知るには食事よりゴルフがいい」と言っている。トランプは名門ペンシルベニア大

学ウォートン校で経済学士を取得したエリートで、ゴルフがビジネスでどう使えるかをよく知っているのだ。

日本では、１９７０年代ごろから、「接待」という形でゴルフがビジネスに取り入れられるようになった。海外でも、人を見るためにゴルフが使われている。企業の役員クラスや、何かしらの決定権を持つ人の人間性を知るためには、ゴルフに誘ってみるのが最適といわれる。

５、６時間のあいだ、世間と離れた空間で過ごすことになるからだ。通常のゴルフ場（18ホール）では、１日で多くても40組、１６０人ほどしかプレーをしない。平日なら数十人のこともある。

酒席のように周囲を気にする必要もなく、場

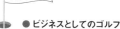

面はつねに変化していく。ビジネスシーンにおいてはまずありえない特殊な「密室」がつくり出されるのだ。

日本のゴルフ人口がもっとも多かったのは、バブル期だ。営業職のサラリーマンにとって、ゴルフができるのは当たり前だった。お得意先と回る、ライバル会社の人と一緒に回る、社内交流のコンペなど、あらゆるビジネスシーンでゴルフが活用されていた。隔絶された空間で交わされる会話は、まず外に漏れることはない。ちょっと離れて2人きりになれば、細かな商談も可能である。

よほど技術がある人でもない限り、ゴルフは「失敗をくり返すスポーツ」で「責任は自分にしかない」スポーツだ。失敗をすると人の本質が見えてくる。追い込まれたときの打開策、ミスに対する心理マネジメントなど、何げない一言やしぐさ・態度から、その人の本質を見抜くことができる。

近年は、経営者クラスでもＳＮＳやメールなどで、ビジネス上のコミュニケーションをとる人が増えている。だが、そんな彼らもゴルフをプレーする。あえて時間を共有して関係性を深めようとしたり、相手の教養レベルを測ったりするためだ。

企業がゴルフに投資する理由

時代を映すスポンサー事情

日本のゴルフ市場は、1980年代末に最大で2兆円もあったとされる。バブル崩壊後は右肩下がりで、2013年に1兆円を切り、少し持ち直した現在も1兆円前後で推移。業界では「2兆円規模への復活」を目指している。

さて、ゴルフの市場規模や世情を表わすのは、大会（トーナメント）の数である。

1990年、男子ツアーは44試合あった。しかし、2019年は24試合と、ほぼ半減している。有望な若手が海外ツアーに参戦することで、国内トーナメントの注目度が下がってしまったのだ。

一方の女子は、1990年が39試合、2019年も39試合と変わっていない。いつの間にか男女の試合数が逆転していることも、ゴルフ業界の近況を表わしている。


プロツアーを主催するのは、スポンサー企業だ。2019年シーズンのツアー賞金総額は、男子が5000万〜2億1000万円。女子が6000万〜2億円となっている。主催者は賞金総額のほかに運営費や会場の設備、放映権料などを負担するため、実際には賞金総額の3〜5倍がかかるとされている。

これらの費用を、スポンサー企業は数社で分担するか、1社で全額を負担している。多くのファンがつめかける女子トーナメントでも、ギャラリー収入はあまり期待できず、黒字になることはまずない。それでも、企業は広告・宣伝を目的としてスポンサーとなっている。ゴルフツアーには、それだけの価値があると判断しているからだ。

女子トーナメントも、かつては国内製造業のトップメーカー、不動産会社などがスポンサーになっていたが、近年は、化粧品の資生堂が新たに参入。長年続いているフジサンケイや伊藤園、富士通、三菱電機のほか、ユニークなスポンサーとしては、建設機械のキャタピラーもいる。

スポンサーの顔ぶれは時代を映しているといえるだろう。

もうひとつの投資メリットは「プロアマ大会」

スポンサーが投資する理由は、ほかにもある。「プロアマ大会の開催」である。プロアマ大会とは、おもにトーナメントの開催前日にスポンサーが自社クライアント（ゲスト）を招待して、プロと一緒にプレーするという、いわば接待のための大会だ。

２０１８年、片山晋呉がプロアマ大会でゲストに不適切な対応をしたとして、制裁金30万円と厳重注意処分とされたことは記憶に新しい。プロアマ大会を欠場すると、本戦にも出場できないというルールがある。

トーナメントが減っている男子プロは、スポンサーとの良好な関係を築くために気を配らなければならない状況だ。

ゴルフは人生を豊かにする価値観を育む

青少年教育に使われるゴルフ

相手の人間性を見る点からビジネスシーンで活用されるゴルフは、青少年の人間性を養うための教育プログラムとしても活用されている。

１９９７年にアメリカで始まったザ・ファースト・ティ（ＴＦＴ）は、「ゴルフを通じて子どもたちの人間形成、人生を豊かにする価値観を育み、将来の人生に影響を与え、健全な判断力を培うこと」を目的としたプロジェクトだ。アメリカでは、ゴル

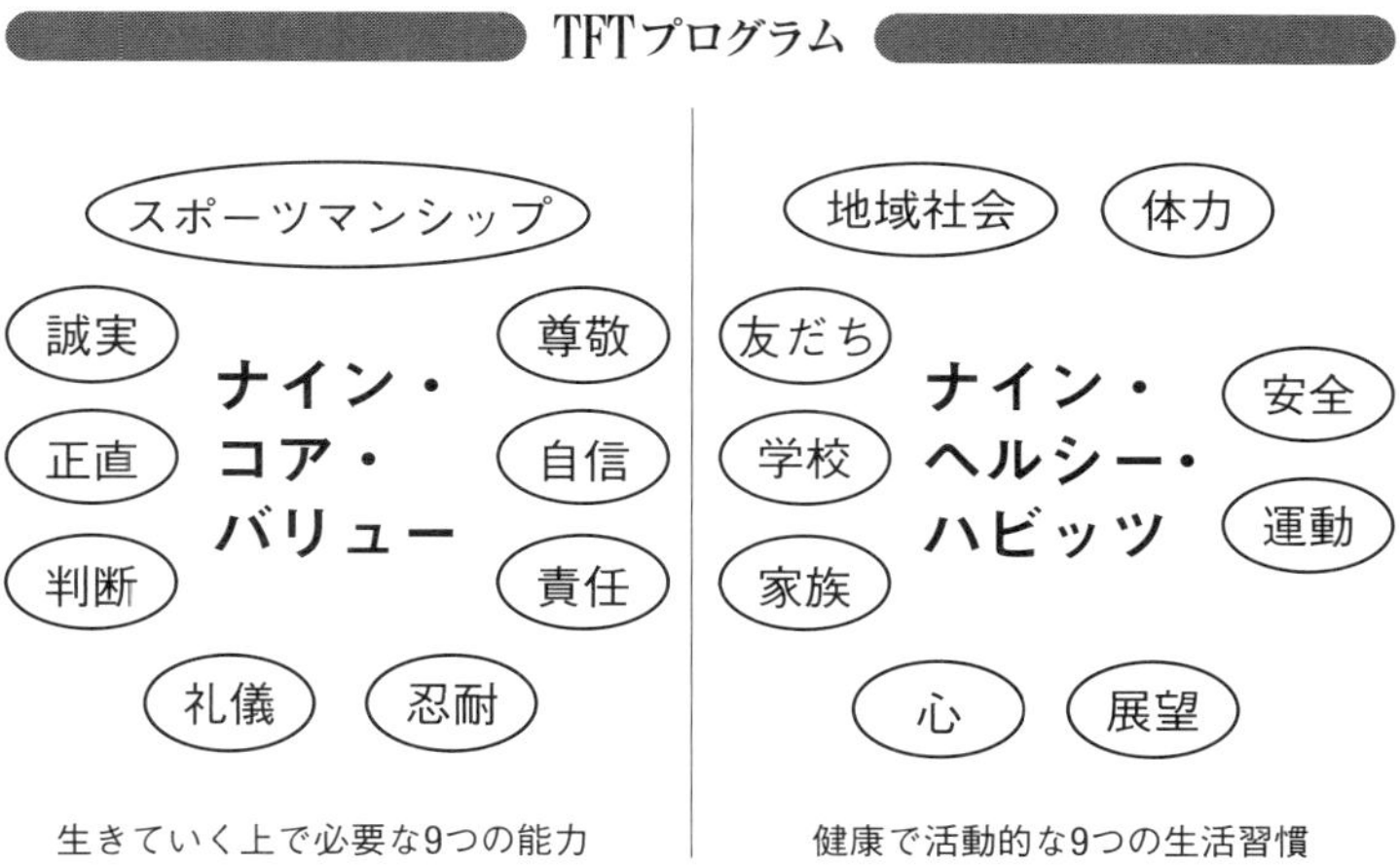

NPO法人ザ・ファースト・ティ・オブ・ジャパンwebサイトより

フコースだけでなく学校体育でも取り入れられ、日本でも２０１５年から普及活動が始まっている。

このプログラムで得られるスキルは上の図にある「ナイン・コア・バリュー」と「ナイン・ヘルシー・ハビッツ」だ。いずれも、大人であっても身につけておきたいものばかりといえる。

実際のプログラムは、挨拶から始まる。プレーでは、打ってみてうまくいかない場合に、専門コーチが「考え方」をアドバイスする。そのアドバイスを受けてまた実践、というプロセスになっている。

スポーツ・趣味ではなく、教育ツールとしてゴルフが活用される時代なのだ。

文武両道の米ツアー選手

ゴルフの実力だけでなく学力も必要

スタンフォード大学といえば、世界大学ランキングでつねにトップ3に入る、学力がトップクラスの名門中の名門だ（東京大学は40位前後）。その出身者を見ると、著名なプロゴルファーがずらりと並んでいる。トム・ワトソン、ミシェル・ウィー、タイガー・ウッズ（中退）……。彼らは、ゴルフの実力だけで入学できたわけではない。

アメリカの男子プロゴルフ界では大学での経験が重視され、実際にツアー選手のほとんどは大学生活の経験がある。中退する人も多いとはいえ、スタンフォード大学の入学難易度は半端ではない。猛勉強をしているのか？　天才なのか？

ＮＣＡＡ（全米大学体育協会）の加盟校、とくにトップクラスの大学にはスカウトがいて、各地のジュニア大会を視察している。スカウトは学力もチェックしており、エントリーの際に、成績表を添付させる大会もある。スタンフォード大学などは、ゴルフの実力があるジュニア選手に「ＳＡＴ」という大学進学適性試験（科目は数学と英語）を受けさせて、優秀であれば奨学金を給付するシステムで選手を確保している。

奨学金にはランクがあり、年間４００万〜７００万円の学費や寮費などを全額免除するものもある。進学後も成績が悪いと試合には出られず、奨学金が打ち切られることもある。だから、米ツアーの選手たちは文武両道なのだ。

日本からも、高校時代に全米女子アマを制した服部道子がスカウトされ、テキサス大学に留学した。男子でもタイガー・ウッズと同年代の今田竜二が、ジョージア大学にスカウトされて入学し、大活躍した（のちに中退）。

近年、日本の有望な若手選手が、高校を卒業したあとアメリカに渡るケースが増えている。これはゴルフの実力と学力を兼ね備えている証拠といえるだろう。

技術より重要なコースマネジメント

多角的な分析・判断が求められる

ティーショットを打とうとするときは、ホール全体を見て「あっちに打つと2打目が難しくなる」などと、リスクを判断する。「弱い風が右からフォロー（追い風）に吹いている」といった気象条件や「自分の飛距離はこのくらいだから……」と自身の能力条件もインプットする。

グリーンを狙うアプローチショットを打つ場合、どのクラブを使い、どの強さで打つかを考える。グリーンの形状やピンの位置を確認して「奥と左は危ない。手前に落とそう」というプランを決める。当然、その日の調子も加味する必要がある。

ビジネスでゴルフをプレーするならば、自分だけでなく、周囲を見て状況判断をしながら、次のショットに備えなければならない。これがコースマネジメントだ。

プロは「グリーンから逆算する」といわれる。ピンの位置を考えて、ボールを落とす位置を決め、そのために最初のショットを打つ。結果から最短のプロセスを考える――これは、ビジネスに必要なマネジメント力を身につける訓練になる。

売上目標の達成、新プロジェクトの立ち上げ……結果を出すために重要なのは、「ゴールまでの道筋を見つける」ことだ。そして、マネジメントを遂行するには、メンタルも重要。想定したとおりにいかなかったとき、心理状態を立て直せるかどうか。ミスのイメージが強くなって不安になったとき、どう自分を奮い立たせるか。

加えて、接待やコンペの場合は、一緒にプレーをする同伴者は初対面のこともあるので、自分よりも上位に置いて考えなければならない。心は揺れ動いていたとしても、平静をよそおい、相手を気づかいながらプレーするのが鉄則である。

1つのショットが、あなたの判断力、平常心、もてなす力を鍛えてくれるのだ。

ゴルフ会員権は、なぜ価格が高騰したのか？

「億」を超える投資商品だった会員権

「ゴルフ会員権なんて、高いでしょ」。そんな印象を持つ人は多いかもしれない。

確かにバブル期、ゴルフ会員権は高騰した。不動産のように1000万円で買って1500万円で売るような取引が行なわれ、4億円超という高値がつくコースもあった。億単位の会員権は個人では買えない。企業が投資を兼ねて売買していたのだ。

多くのゴルフ会員権は、今やビジネスパーソンに手が届く価格にまで下がってきて

1990年2月のゴルフ会員権価格(東京都、神奈川県)

小金井カントリー倶楽部(東京都)	4億1650万円
レイクウッドゴルフクラブ(神奈川県)	3億円(買い希望の価格)
よみうりゴルフ倶楽部(東京都)	2億6000万円(買い希望の価格)
相模原ゴルフクラブ(神奈川県)	2億2000万円
戸塚カントリー倶楽部(神奈川県)	1億7150万円
箱根カントリー倶楽部(神奈川県)	1億4950万円
桜ヶ丘カントリークラブ(東京都)	1億4900万円
東京よみうりカントリークラブ(東京都)	1億4900万円
厚木国際カントリー倶楽部(神奈川県)	1億1300万円
府中カントリークラブ(東京都)	1億円

タクト株式会社 資料提供

いる。もちろん、コースのグレードなどを考えなければ、ではある。

日本のゴルフ場は会員制が基本で、会員権を持っているメンバーは、優先的にプレーができる。

会員のメリットは何よりステータス。ひとりで出かけてもプレーでき、面識のないメンバーとの新たな交流が生まれる可能性もある。

年輩のビジネスパーソンにとって会員権は一種のステータスであり、現在も一部のコースの会員権は高値で売買されている。どのコースの経済的価値が高い、または高かったのかも、押さえておくとよいだろう。

業界トップイベント!! 四大メジャーの成り立ち

ゴルフに関する話題の最重要ネタ

2019年8月、渋野日向子が、じつに42年ぶりに「メジャー」を制した。日本人で2人目という快挙だ。メジャーとは、世界中のトーナメントの中で、とくに歴史と権威がある世界大会を指す。女子の場合は「五大メジャー」がある。

渋野が制したのは、2001年にメジャーに昇格したAIG全英女子オープン選手権だ。

一方の男子は「四大メジャー」で、いずれもトーナメントはずっと同じ。男子トーナメントはテレビ中継され、日本人が上位に入らなくてもニュースになる。ゴルフ好きなら必ず話題にするだろう。

この四大メジャーのうち、もっとも歴史が古いのは「全英オープン」。正式名称は、「The Open Championship」。「The」がつくだけあって、すべてのゴルフトーナメントの中でも最高峰とされる。

全英オープンの第1回大会は、1860年にスコットランドで開催された。日本でいえば安政7年、「桜田門外の変」が起こった年だ。世界大戦による中断をはさみ、通算で150回近く開催されている。もちろん、世界最古のゴルフトーナメントだ。トーナメントを主催するのは、R&A（ザ・ロイヤル・アンド・エンシェント／153ページ参照）である。全英オープンは、イギリス国内の伝統ある10コースの持ち回りで開催されているが、セント・アンドリュースだけは、原則5年に1回は開催されている。

2019年は、67年ぶりに北アイルランドのロイヤルポートラッシュで開催され、「ブレグジット（イギリスのEU離脱）」の話題もあったが、大成功を収めた。

四大タイトルすべてをとったのはたった5人

全英の次に古い「全米オープン」は、1895年に始まった。「オープン」とは、プロ・アマ関係なく参加できるトーナメントで、全米も全英も各地で予選が行なわれる。

3つめは、1916年に始まった「全米プロゴルフ選手権」だ。開催当初はマッチプレー形式（176ページ参照）で行なわれており、1958年からはほかのメジャーと同様にスコアを競うストロークプレー形式となった。

4つめのメジャー「マスターズトーナメント」は、知名度が高い。始まったのは1934年で、もっとも新しい。ほかの3つのメジャーとは異なり、「球聖」と呼ばれたボビー・ジョーンズがつくったアメリカのオーガスタ・ナショナル・ゴルフクラブで行なわれている。

四大メジャーすべてに優勝することを「グランドスラム」という。その達成者は、ジーン・サラゼン、ベン・ホーガン、ジャック・ニクラウス、ゲーリー・プレーヤー、そしてタイガー・ウッズのわずか5人。いずれも、ゴルフの頂点を極めた偉人である。

恥をかかないために押さえておきたい用語

恥をかくならまだマシ。失礼にあたることも

ゴルフにおいては、最低限知っておかなければならない用語がある。意味を知らずにいると、恥をかいたり、話が通じない人間と思われたりする。それだけならまだしも、誤用または勘違いで、失礼にあたることもありうるのだ。

テレビのゴルフ番組を見ても、言葉がわからなければ、おもしろくないだろう。ここでは、とくによく使われる言葉の意味を解説する。

用語	意味
アドレス	構え方のこと。「アドレスで右を向いた」のような使い方をする。同じ意味で、「セットアップ」ともいわれる。
アマチュアサイド	グリーンが左右に傾斜していて、打ったボールがカップの下側を通ったパッティングラインのこと。このラインで打たれたボールは絶対にカップインできない。反対にカップの上側を通ったラインを「プロサイド」という。
アリソンバンカー	縁の部分が突き出した深いバンカー。名称はイギリスのコース設計家C·H·アリソンに由来する。
インサイドアウト	スイングの軌道を説明するときに使う。バックスイング時にクラブヘッドが体の内側寄りを通り、ダウンスイングで外側へと抜けていく軌道。その反対が「アウトサイドイン」。
エイジシュート	年齢以下のスコアで18ホールを回ること。60代後半から70代になると可能性が出てくる。日本では青木功、尾崎将司、杉原輝雄などが複数回達成している。
エクスプロージョン	バンカーで砂ごと打ってボールを外に出すショットのこと。英語で「爆発」を意味する。
OK	カップまでの距離が短いときに、パットをせずに「入った」と認定すること。「OKだよ」と言われたら、1打分を足してボールを拾い上げていい。
オーバードライブ	ティーショットでほかのプレーヤーのショットよりも遠くに飛ばすこと。正しくは「アウトドライブ」という。
キャリー	打ったボールが地面に落ちるまでの距離。「キャリーで○○ヤード」のような使い方をする。
サービスホール	カップまでの距離が短く、パーがとりやすいホールのこと。正しくは「イージーホール」という。
シャンク	アイアンのヘッドとシャフトの接合部分で打ち、右利きの場合、ボールが右に飛んでいくこと。
順目／逆目	コースの芝は、ある方向に向かって伸びる。これを「芝目」という。伸びていく方向を順目、伸びていく方向と反対が逆目。グリーン上では「順目は速い」などという。

用語	意味
スパイクマーク	ゴルフシューズのスパイクでつけたグリーン上の傷跡のこと。2019年のルール改正で、ボールマークと同様に、プレー前に修復することができるようになった。
スライスライン／フックライン	グリーンの傾斜のこと。スライスだとボールを転がしたとき右に曲がり、フックだと左に曲がる（左利きの場合は逆）。本来はショットの表現に使うが、日本ではグリーン上でも使う。
スプーン	3番ウッドのこと。
ダウンヒル	ボールのある場所が下りの傾斜になっていること。「ダウンスロープ」「左足下がり」などともいわれる。
ダフリ／トップ	ボールを打ったときの場所で区別する。ボールを打つ直前に地面を打つと「ダフった」。ボールの上部を打つことを「トップする」という。
テンプラ	ティーショットにおいて、ヘッドの上に当たってボールが高く上がってしまうこと。「上げる→（天ぷらを）揚げる」に由来する。
ドロー／フェード	ドローは左に、フェードは右に曲がる球筋（左利きの場合は逆）。フック、スライスのより曲がりが少ない場合に使う。プロの球筋を表現する場合によく使われる。
ひっかける	（右打ちの場合）狙った場所よりも左にボールが飛んでいくミスショットのこと。
ヘッドアップ	ボールを打つ瞬間に頭が上がることで、ボールを見ていない状態。ミスショットの原因となる。
マン振り	全力でクラブを振り抜くこと。
寄せワン	アプローチでグリーンに乗せた直後のパットでカップに入れること。「いい寄せワンでしたね」などの使い方をする。
ライ	ボールがある位置の状態をいう。芝にすっぽりと埋まっていたり、でこぼこした場所にあったりすると、「ライが悪い」という。
リンクス（コース）	海に近いコースで、草原など平らな場所の多いコース。自然の地形をそのまま生かしたコースといえる。イングランドやスコットランドに多数ある。

2番ホール

歴史

としてのゴルフ

「聖地にならえ」で決まった18ホール

スコッチ瓶を18口飲むとちょうど空になる？

ゴルフのプレーは、たいていの場合は午前中に9ホールを回って昼食をはさみ、また9ホールを回る。昼食でアルコールを楽しむ人もいるだろう。

当たり前だから誰も気にしていないのかもしれないが、じつは18ホールになった理由を知っている人は少ない。

18世紀半ばまで、ゴルフ場のホール数はコースによってまちまちだった。当時は、大人数で同じコースを回ってストローク数で争う競技ではなく、1対1で行なうマッチプレーが主流。1ホールごとに「勝った、負けた」を積み重ね、勝敗を決めていたのだ。つまり、ホール数はあまり関係なかった。

ゴルフの聖地といわれるセント・アンドリュース・オールドコースは、計22ホールあり、これを1ラウンドとしていた。1764年にコースが改造され、計18ホールとなる。

さらに1857年、2回プレーする8ホールのグリーンにカップが追加されて2つとなった。こうして1回プレーする2ホールと合わせた「アウト、インで9

Tobari's Eye

ゴルフコースには、「アウト」と「イン」があります。

全18ホールのうち、前半の1番ホールから9番ホールをアウトコースと呼び、休憩をはさんでプレーする後半の10番ホールから18番ホールをインコースと呼びます。その語源は、クラブハウスを出る「ゴーイングアウト」と、クラブハウスに戻る「カミングイン」にあります。

日本では1番ホールからスタートすることをアウトスタート、10番ホールからスタートすることをインスタートといいます。

ホールずつ」の18ホールが完成した。
以後ゴルフ場は、18ホール（9の倍数）を基準につくられるようになる。
風が強いスコットランドでは、プレーヤーが寒さをしのぐためにスコッチウイスキーのポケット瓶（フラスコ、スキットル）を1ホールひと口ずつ飲んでいた。ちょうど瓶が空になったときが18ホールだった、という俗説もある。
ちなみに、セント・アンドリュース・オールドコースは1番から出ていくと、18番までクラブハウスに帰ってこない。

水道管で決まったカップの大きさ

18番ホールに冠された伝説の人物

歴史をひもといていくと、偶然の産物というのはよくある。ゴルフでいえば、ボールを入れるカップ（ホールともいう）の大きさだ。現在、ルールでそっけなく直径4・25インチ（約108ミリ）とされているが、そこに至る伝説がおもしろい。

19世紀までゴルフ場のカップの大きさは決まっておらず、グリーンに適当な穴を掘ってカップとしていた。ボールを入れたあとは、カップの中にある砂をとった。その砂をカップの近くに盛り上げてボールを置き、次のホールに打っていくというスタイルだった。砂は、今のティーのかわりだったのだ。

セント・アンドリュース・オールドコースの18番ホールは別名「トム・モリス」という。由来は、62ページで紹介している偉大なプレーヤーだ。父親のほうのオールド・トム・モリスは、クラブやボールの職人でもあった。

あるとき、オールド・トム・モリスは、セント・アンドリュース・オールドコースを改造する際、ただ穴を掘っただけのカップの大きさを統一しようと考えた。そして街でたまたま見つけた水道管を切り、カップとして埋める。水道管に規格があったどうかは不明だが、とにかくそのサイズが、各地に広まって定着したのだという。

これが現在に至るまで踏襲されている。なお、カップの深さは4インチ（約100ミリ）以上となっている。

オールド・トム・モリスは、ほかにも重要な発見をしている。それまで芝を刈っていなかったパッティンググリーンの芝を刈り、転がり方に変化が出ることに着目したのだ。ここから、現在の芝を短く刈ったグリーンの概念が生まれたといわれている。

バーディーの語源は「鳥」

「飛ぶ」から連想された称号

ゴルフの醍醐味を聞かれると、日本人はほとんどが「飛ばすこと」と答えるのではないか。確かに、ドライバーショットが遠くまで飛べば、ストレスも飛んでいってしまう。

ゴルフのホールには、規定打数「パー」が設定されている。ティーイングエリアからカップまでの距離をもとにした打数の目安で、多くのホールで、パーは3～5に設定されている。

アマチュアレベルではパーで終えられれば十分で、パーより1打少ない打数で上がれたら、かなりうれしい。そう、「バーディー」だ。

そんなバーディーの語源はいくつかあるが、「鳥のように飛ぶ」すばらしいショットを打ったあるプレーヤーが、最終的にパーより1打少なく上がったことから「バーディー（鳥＝bird+y）」と呼ばれはじめたという説が有力だ。これは1900年前後のことだという。

その後、用具などが進歩してボールが飛ぶようになった。そして「パーより2打少なく上がる」ことも起こる。バーディー（小鳥）よりも飛ぶ大きな鳥ということで「イーグル（鷲）」という言葉が生まれた。飛ぶ＝鳥という連想が引き継がれたわけだ。

さらに、パーよりも3打少なく上がる快挙が達成されると、鷹よりも飛ぶ鳥「アルバトロス（アホウドリ）」が使われるようになる。アルバトロスは「ダブルイーグル」とも呼ばれるが、これはイーグルの2倍すごい、難しいという意味かもしれない。

ゴルフ史上、もっとも有名なアルバトロスは、メジャー大会のひとつ第2回マスターズ最終日に達成された。パー5の15番でジーン・サラゼンが達成し、翌日のプレーオフで逆転優勝を果たす。2打でグリーンに乗せることすら難しいホールでのカップインは、大きな話題となった。

パーより4打少なく上がることを「コンドル」という話もあるが、プロのトーナメントで達成された例は聞かない。

ちなみに、ダブルボギーには、「ホーク（鷹）」、トリプルボギーには「グラウス（雷鳥）」と、鳥の名前が使われている。＋4のクワドラプルボギーは「ターキー（七面鳥）」、＋5のクインタプルボギーは「グース（ガチョウ）」と続く。＋10のデカプルボギーは、絶滅した鳥の「ドードー」が使われる。さすがに絶滅は避けたいところだ。

Tobari's Eye

バーディー、アルバトロスなどのスコアに関する記録をひもといてみましょう。

現在、世界最少スコアとしてギネスに認定されているのは、2012年5月にライン・ギブソン（豪）が記録した「55」です。パー71で、2イーグル、12バーディー（ノーボギー）という圧巻の数字でした。

ちなみに、ギブソンの前に世界最少スコア記録を保持していたのが、日本の石川遼。中日クラウンズで「58」をマークし、話題になりました。

ゴルフはローマ生まれ、スコットランド育ち

世界各地に似たような競技があった

そもそも、ゴルフはどのようにして生まれ、今日のような姿になったのだろうか。これは、ゴルフをするからには最低限知っておきたい常識だ。

ゴルフの発祥については諸説ある。

原型としてもっとも古いとされるのは、古代ローマ時代。紀元前1世紀ごろに羽毛をつめた球を曲がった棒で打って飛ばす「パガニカ」という競技があった。

オランダで行なわれた「コルベン」

「kolfplayers on ice」ヘンドリック・アーフェルカンプ

そのころ始まったとするならば、キリスト教の誕生よりも古いことになる。日本でいえば卑弥呼が登場する前、中国でいえば『三国志』の時代よりも前のこと。驚くべき古さ、歴史を誇るスポーツだ。

その中国では、12世紀ごろの元の時代に「捶丸《ついわん》」という球を棒で打つ競技の記録が書物に残っている。

イングランドでは、14世紀ごろに羽毛を包んだ球を先が曲がった棒で打って、地面の穴に入れる「カンブカ」といわれるゲームがあったという。

同じころ、オランダでも球を棒で打ち、的となる球に先に当てる「コルベン」という競技があった。打つ道具のことを「コル

スコットランドでのゴルフの始まり

フ」という。

正確な発祥についてはよくわかっていないが、古代ローマで生まれたゴルフの原型が各地に伝わり、スコットランドで現在のようなゴルフが形成されたとみるのが自然なようだ。

人気になりすぎて禁止令も

スコットランドでは、羊飼いが羊を追いながら石を棒で打って、ウサギがつくった穴に入れて遊んでいたのが始まりといわれている。そして、15世紀にはゴルフが盛んに行なわれていたという記録が残っている。

ところが1457年、スコットランド王

のジェームズ2世が「フットボールとゴルフの禁止」という法令を出した。

これが「ゴルフ」という言葉が使われた最古の記録だ。禁止した理由は、ゴルフが流行しすぎて、国民が弓矢の鍛錬を怠るためだった。

その後、息子のジェームズ3世、孫のジェームズ4世も禁止令を継続したが、効果はほとんどなかった。そのうち、当のジェームズ4世自身がゴルフにはまり、弓職人にクラブをつくらせたという。

スコットランドの古語で打つという意味の「ゴウフ（Gowf）」という言葉が転じて「ゴルフ」になったという説もある。17世

セント・アンドリュース・オールドコース

紀にはセント・アンドリュース・オールドコースもつくられた（53ページ参照）。

今のようにスマートフォンやネットもない時代。暇つぶしで、手近にあるものを使って遊びが生まれ、そのうち勝負になっていく。すると、ルールやエチケットが必要になり、もっといい場所でやろうということで専用の遊び場（ゴルフ場）ができる。プレーする者はもっといいスコアを出したいと思うようになって、ボールやクラブに工夫をする人が出てくる。自然な流れだ。

うまい人が現われると、誰が1番かを競うようになり、試合が行なわれる。誰が1番うまいかは賭けの対象にもなった。こうして、人びとは15世紀にはゴルフに熱狂するようになり、今日のような形がつくられてきたのだ。

日本のゴルフは神戸で誕生

ツルハシとモッコでつくった4ホール

最後に、日本人の教養として知っておくべき話がある。日本で初めてできたゴルフ場は、神戸に現存している。つくったのはイギリス出身の貿易商だ。

明治時代、神戸の街を見下ろす六甲山に別荘を構えていたアーサー・ヘスケス・グルームは、友人らと故郷について語り合っていた。そこでゴルフの話題が出て、本人はプレー経験がなかったというが、敷地内にゴルフ場をつくることに。工事が始まっ

神戸ゴルフ倶楽部の開場式

1903年5月24日にコースで行なわれた開場式の様子。服部一三兵庫県知事が始球式を行なった。これが日本のゴルフ場で初めて公式に打ったボールだったが、走って拾いに行けるほどのチョロ（少ししか飛ばないミスショット）だったという。

たのは1898（明治31）年だった。

六甲山での工事は手作業で、村から人夫が集められ、ツルハシとモッコ（土などを運ぶ道具）で造成していった。そして3年後、山の斜面の起伏を活用した4ホールが完成。20世紀の始まりとともに、日本にゴルフの夜明けが訪れたのだ。

仲間内で楽しんでいるうちに評判となり、ホール数も増えていった。

1903年、神戸商工会議所で「神戸ゴルフ倶楽部」の創立総会が開かれた。会員は神戸在住の外国人が131人、日本人は関西財界の7人だけだった。これをきっかけに、日本でゴルフが広まっていくのである。

なぜ、ブームとなったのか？日本ゴルフ界の変遷

日本初のプロゴルファーはキャディだった

接待やコンペでは、古い選手の名前や、過去のできごとが話題になることも多い。選手名やできごとのすべてを覚える必要はないが、神戸ゴルフ倶楽部の誕生以後、日本でどのようにしてゴルフが認知され、なぜブームとなったのかは、教養レベルで知っておきたい。

年輩者がいう「あのころ＝バブル前後」までのざっくりした流れを押さえよう。

日本で2番目につくられたゴルフ場は、やはり神戸にあった。1904年に設立された横屋ゴルフ・アソシエーションだ。積雪の多い六甲山では冬にゴルフができないため、現在の神戸市東灘区に6ホールのコースとして誕生した。

この横屋ゴルフ・アソシエーションのすぐ近くに生まれ、英国人の専属キャディとして修業していた福井覚治が、1920年に日本人初のプロゴルファーとなる。

神戸から始まったゴルフは少しずつ認知され、プレーする人も増えていった。1926年7月4日には、日本初のプロトーナメント（現在の日本プロゴルフ選手権）が、大阪府の茨木カンツリークラブで開催されている。出場したのは6人で、1日で36ホールのトータルスコアで争われた。宮本留吉と、宮本の師匠の福井覚治が161で並び、10日のプレーオフで宮本が勝利し、初代チャンピオンとなっている。ちなみに、このプレーオフも1日36ホールで争われた。

ゴルフは新しいスポーツ、文化として根づいていったが、太平洋戦争によってその流れは中断される。戦時中、多くのゴルフ場は閉鎖されたり、軍用地や畑に転用されたりして、使えなくなってしまったのだ。終戦直後は日本人にゴルフを楽しむ余裕もなく、しばらく歴史の表舞台から消えてしまう。

ワールドカップ優勝から始まったゴルフブーム

戦後の復興が進むと、プロトーナメントが再開され、ゴルフ場が建設されていった。そして、ゴルフが国民に広く認知されるきっかけとなったのは、1957年に開催されたカナダカップ（現在のワールドカップ・オブ・ゴルフ）だ。

霞ヶ関カンツリー倶楽部で開催されたこの大会で、日本チームの中村寅吉と小野光一が優勝を果たす。さらに中村はサム・スニードやゲーリー・プレーヤーらを下し、個人戦でも優勝。その様子が普及しはじめたテレビによって全国に放映され、ゴルフブームが巻き起こる。これが、第一次ゴルフブームだ。

この年、東西のプロゴルフ協会を統合して日本プロゴルフ協会が設立された。ちょうど高度経済成長期と重なり、中日クラウンズやフジサンケイクラシックなどの民間のトーナメントも始まって、一気にゴルフ文化が根づいたのである。

1966年、第二次ゴルフブームが到来する。きっかけは、やはり日本で開催されたカナダカップだった。ただし、大会の主役は日本人でなく、アメリカチームのスーパースターだった。ジャック・ニクラウスとアーノルド・パーマーの最強コンビは、

日本のゴルフ発展史

年	できごと
1901	のちに神戸ゴルフ倶楽部となるゴルフ場が開場
1920	福井覚治が日本初のプロゴルファーとなる
1924	日本ゴルフ協会が設立
1926	全日本ゴルフ・プロフェッショナル36ホール・メダルプレー争覇戦（現在の日本プロゴルフ選手権）開催
1931	関東、関西のプロゴルフ選手権が始まる
1957	日本プロゴルフ協会設立 カナダカップが日本で開催（日本チームが優勝）
1960	中日クラウンズ（初の民間ゴルフトーナメント）開催
1966	カナダカップが日本で開催 （翌年「ワールドカップ・オブ・ゴルフ」に呼称変更）
1971	尾崎将司が日本プロゴルフ選手権で初優勝
1973	プロツアー制度開始、尾崎将司が初代賞金王 青木功が日本プロゴルフ選手権で初優勝
1976	青木功が初の賞金王
1977	樋口久子が全米女子プロゴルフ選手権で初優勝 中嶋常幸が日本プロゴルフ選手権で初優勝
1982	中嶋常幸が初の賞金王
1996	尾崎将司がプロ通算100勝を達成

圧倒的な強さで団体戦優勝を果たす。

この第二次ブームによって、大手のゼネコンがゴルフ場建設に本格的に参入し、ラッシュと呼ばれるほどのペースで、全国にゴルフ場がつくられていく。その勢いは、バブル期に最高潮に達した。

日本のプロゴルフ界では、青木功と尾崎将司の両雄が賞金王を争い、1980年代からは、中嶋常幸を加えたAONの時代となる。

3人は、バブル期を経て1990年代半ばまで、日本のプロゴルフ界をけん引していったのである。

ここまでが、ベテランプレーヤーがよくいう「あのころ」だ。

最低限押さえておきたいレジェンドプレーヤー

偉大なる17人

長いゴルフの歴史の中には、数多くの名手がいる。伝説のプレーヤーから、ゴルフの普及や人気に貢献したプレーヤーまで、ゴルフをたしなむ者として「これだけは知っておきたい」レジェンドプレーヤーを紹介する。

年輩や目上の接待相手とプレーをすると、彼らの話が出てくることがある。知らなくて恥をかいたり、場をしらけさせたりしないために、必ず覚えておこう。

◆トム・モリス親子（イギリス）

父（1821～1908）
子（1851～1875）

父はオールド・トム・モリス、息子はヤング・トム・モリスと呼ばれる。1860年に始まった全英オープンの初期に、ともに4回ずつ優勝した。父は最年長優勝記録（46歳）を持ち、息子は1868年に17歳5カ月の最年少記録で優勝。中止をはさみ4連覇を達成したが、24歳の若さで早逝した。同時期に活躍したパーク父子とのライバル関係で知られる。

◆ハリー・バードン（イギリス領ジャージー）

1870～1937

20世紀初頭に活躍、全英オープンでは最多の6勝、全米オープンで1勝のメジャー計7勝。現在、一般的になっているオーバーラッピング・グリップを考案してゴルフの近代化に貢献。全米プロゴルフ協会はバードンの功績をたたえ、米ツアーの年間平均ストローク1位に「バードン・トロフィー」を贈っている。「バンカーではボールを出すだけで満足せよ」との言葉を残している。

◆ウォルター・ヘーゲン（アメリカ）

1892〜1969

1914年に全米オープンなど、全米2回、全英4回、全米プロは最多の5回優勝、メジャー11勝は歴代3位。プロ初の100万ドルプレーヤーになった。「私にとってストロークプレーは、優勝するか、ナッシングである。2位や3位を捨てて、ほとんど不可能なショットをあえてするのだ」など、勝負師らしい名言を残している。名門小金井カントリー倶楽部の設計者。

◆ヘンリー・コットン（イギリス）

1907〜1987

上流階級の生まれだが、当時は下賤とされていたプロに17歳で転向。ヘーゲンを目標とし、1934年全英オープンで65をマークしアメリカ勢からタイトルを奪還、イギリス国民を歓喜させた。記念して「ダンロップ65」というボールが発売された。ゴルファーで初めて「ナイト」の称号を贈られている。古いタイヤを叩く練習法で強靭な手首をつくり上げたといわれる。

◆ボビー・ジョーンズ(アメリカ)

1902〜1971

「球聖」と呼ばれ、生涯アマチュアで職業は弁護士。1930年、28歳のときに全英アマ、全英オープン、全米オープン、全米アマを制し、初めて「グランドスラム」という呼び方が誕生した。直後に引退し、故郷の米ジョージア州アトランタに近いオーガスタにゴルフ場をつくる。1934年に親交のあったゴルファーを招待した試合が現在の「マスターズ」の始まりになった。著書の『ダウン・ザ・フェアウェイ』は、敗戦に対する苦悩や反省の記録がつづられており、多くのゴルファーに愛読されている。

◆ジーン・サラゼン(アメリカ)

1902〜1999

プロとしてのグランドスラムを最初に達成した。1922年に全米オープン、全米プロの2冠を獲得し、1932年に全英オープンに勝って1935年、第2回マスターズ最終日15番でアルバトロスを達成してトップタイに並び、翌日のプレーオフで逆転優勝した。プロ48勝、メジャー7勝を挙げる。飛行機が離陸する姿を見て、サンドウエッジを考案したことでも知られる。

◆ベン・ホーガン（アメリカ）
1912〜1997

冷静沈着なプレーで「アイスマン」と呼ばれたが、「力を抜いてリラックスしろ？　誰が力を抜いてゴルフができるんだ？」という迷言も残している。正確なショットで米ツアー64勝、メジャー9勝を挙げ、グランドスラムを達成。1949年、36歳のときに交通事故で瀕死の重傷を負うが、復活を遂げた。著書『モダン・ゴルフ』は近代スイングの教本といわれる。

◆サム・スニード（アメリカ）
1912〜2002

米ツアー最多82勝、メジャー7勝の記録を持つ。1965年グレーター・グリーンズボロ・オープン（現在のウィンダム選手権）でツアー最年長優勝（52歳10カ月）を達成した。グレーター・グリーンズボロにめっぽう強く、同一大会最多勝の記録である8勝を挙げている。打ち出す方向に体の正面を向けてパターを構えてボールを押し出す独特の「サイドサドルスタイル」を編み出した。

◆バイロン・ネルソン（アメリカ）

1912〜2006

スニードのライバルで、1945年には11連勝を含む年間18勝（試合数36）という驚異の記録を達成。ちなみに、その年はスニードなど一部の選手を除いて、ほかのプロは兵役にとられていた。113試合連続予選通過の記録もタイガー・ウッズに破られるまで保持した。米ツアーで52勝を挙げ、名前を冠したAT&Tバイロン・ネルソン選手権が開催されている。

◆アーノルド・パーマー（アメリカ）

1929〜2016

1955年にプロツアー初参戦。3年目でマスターズ、5年目で全米オープン、6年目で全英オープンを制した。攻撃的なゴルフで大人気となり、熱狂的なファンは「アーニーズ・アーミー」と呼ばれた。米ツアー62勝、メジャー7勝だが、全米プロだけは2位3回と勝てなかった。ちなみに、彼の名を冠したアパレルブランド「アーノルド・パーマー」は、傘のマークで有名である。

◆ゲーリー・プレーヤー（南アフリカ）
1935〜

「南アフリカの黒豹」と呼ばれ、黒いウエアで次々とタイトルをつかんでいった。メジャー19勝でグランドスラムを達成、米ツアー24勝など世界中で150勝以上している。南アフリカのアパルトヘイトに反対し続けた人でもあった。親日家でもあり、千葉県に名前を冠したゴルフ場もある。優勝した1974年の全英オープンで、ラフに打ち込んだあとストップウォッチを持ってボールを探したという逸話が残っている。

◆ジャック・ニクラウス（アメリカ）
1940〜

1959年にデビュー。1962年の全米オープンを皮切りにメジャー歴代1位の18勝で、グランドスラムを3回分達成（トリプル・グランドスラム）している。米ツアー歴代3位の73勝を挙げた。1980年の全米オープンで青木功に競り勝ち、ギャラリーが「ジャック・イズ・バック！」と大声援を送った。2005年に引退した際、スコットランドでは彼の肖像を使用した5ポンド紙幣が発行されている。

◆トム・ワトソン（アメリカ）

1949〜

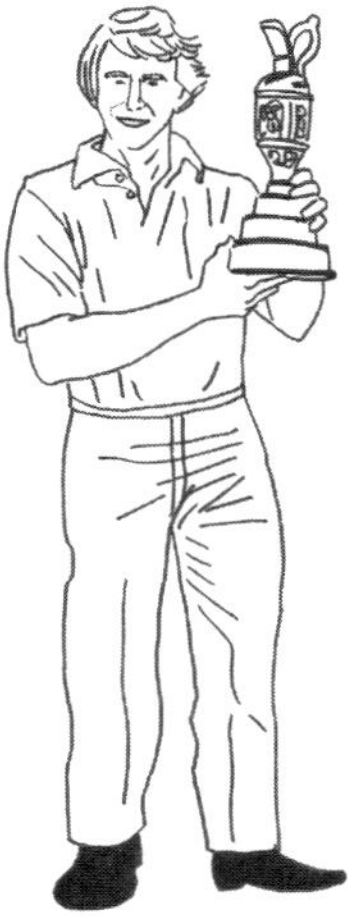

スタンフォード大学で心理学を学び、1971年にプロデビュー。1975年に全英オープンでメジャー初優勝。メジャー通算8勝のうち、全英で5勝。1982年の全米オープンで、グリーン左のラフから見事なチップインバーディーを奪い、ニクラウスを逆転して優勝。日本でも4勝を挙げ、2度優勝のダンロップフェニックスが開催される宮崎に「トム・ワトソンゴルフコース」がある。日本では「新帝王」と呼ばれる。

◆セベ・バレステロス（スペイン）

1957〜2011

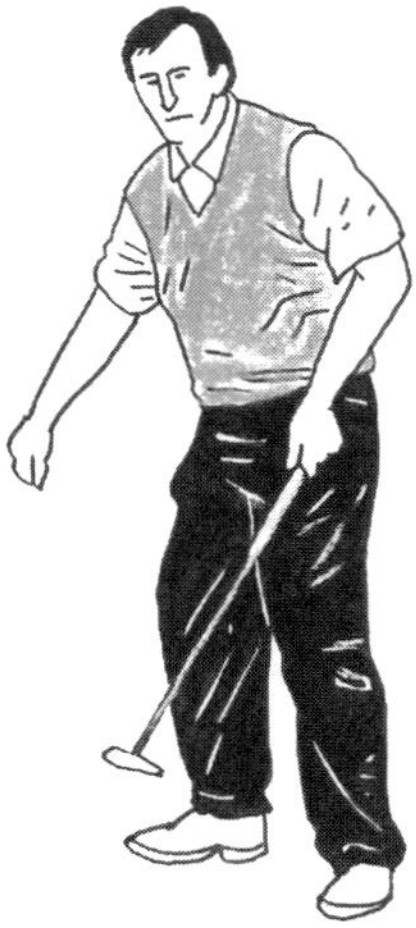

16歳でプロとなり、19歳で欧州ツアー賞金王に輝く。4年目にマスターズを当時の最年少記録で優勝した。メジャー5勝、欧州ツアー歴代1位の50勝。1977年には、日本オープンで20歳5カ月の最年少優勝を飾った。1979年の全英オープンでは、駐車場から第2打を放ち、ピンそば4メートルにつけるスーパーショットを見せた。「マタドール（闘牛士）」の愛称で親しまれたが、脳腫瘍のため54歳で死去。

◆青木 功（日本）

1942〜

1964年にプロ入りし、7年目で初優勝。以後、長く日本ツアーをけん引した。1983年のハワイアンオープンでは、最終日に18番パー5の第3打を直接入れるイーグルを奪い、日本選手初の米ツアー制覇を果たす。日・米・欧・豪のツアーで優勝するなど通算85勝。2004年に世界ゴルフ殿堂入りした。現在は、日本ゴルフツアー機構の会長を務める。若いころ、千葉の我孫子ゴルフ倶楽部でキャディを務めながら修業していた。当時の時給は70円だった。

◆樋口久子（日本）

1945〜

日本女子プロゴルファーの第1期生。高校時代までは陸上のハードル選手だった。1968年に日本女子プロゴルフ選手権とTBS女子オープン選手権を制覇。以降、オーストラリアやイギリスでも優勝し、1977年には全米女子プロゴルフ選手権で優勝。アジア人初のメジャー制覇だった。2003年に世界ゴルフ殿堂入りし、2014年には文化功労者となっている。海外でも知名度は高く、「チャコ」の愛称で親しまれている。

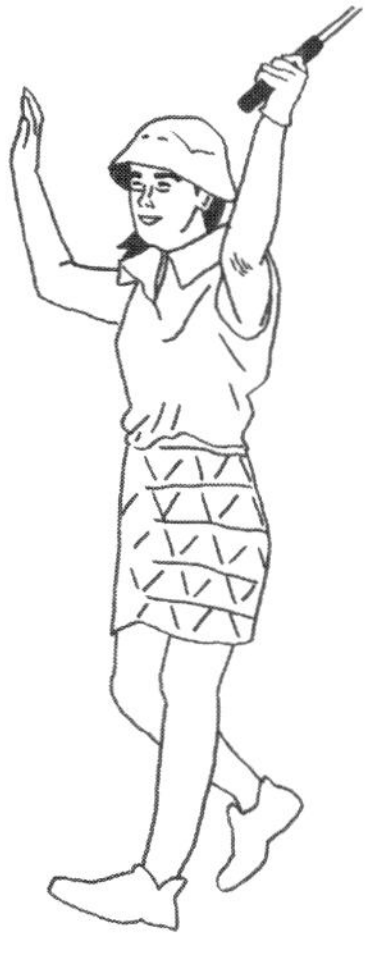

タイガー・ウッズは、なぜ復活できたのか？

奈落の底から帰ってきたスーパースター

２０１９年のマスターズでタイガー・ウッズが復活優勝を遂げ、話題になった。米ツアー通算82勝はサム・スニードに並ぶ歴代最多タイ、メジャー通算15勝はジャック・ニクラウスまであと３勝に迫る。だが、記録よりも復活自体が快挙だった。ゴルフはスイングの少しの狂いで、すべてが崩れてしまうことも多い。そこから「ミスの記憶」が積み重なると、どんな一流選手でも復活するのが難しい競技なのだ。

１９９６年のプロ入り以来、ずっと第一線で活躍していたスーパースター・タイガーは、２００９年の不倫トラブル、交通事故による負傷でおかしくなった。腰痛で４度も手術を経験し、運転中に職務質問され、薬の影響からろれつが回らず逮捕。世界ランク１０００位以下に落ち、「終わった選手」とみなされていた。

マスターズ優勝後、本人は「昔の肉体ではないが技術はある。決してあきらめてはいけない。それしかない。つねに戦うこと。戦い続ければ乗り越えられる」と語った。復活の理由は、気持ちだった。

そんなタイガーは、２０２１年に世界ゴルフ殿堂に入る。

Tobari's Eye

タイガーが復活を遂げた要因は、精神的な部分が大きいといえます。成績もプライベートも一度どん底にまで落ちたことで、「自分の人生を証明するのはゴルフしかない」と気づき、戦う本能が蘇ったのでしょう。

そして、もともと持っているさまざまなショットを打つ技術を、豊富な練習量で磨き直してきたことは間違いありません。強い精神力で再生したタイガーの姿は、見る者にも感動と勇気を与えました。

祝、全英女子制覇！「しぶこ」は何がすごい？

勝負強さの秘訣は「ふつう」に笑える精神力

２０１９年８月、「しぶこ」こと渋野日向子が、日本人女子としては樋口久子以来となる42年ぶり２度目のメジャー制覇を成し遂げた。突如現われた20歳のシンデレラガールは、帰国後も「29ラウンド連続オーバーパーなし」という国内女子ツアー新記録を達成し、デサント東海クラシックでは８打差を逆転して優勝。メジャー制覇がフロックでないこと証明し、近年にない大フィーバーを巻き起こしている。

渋野は、なぜ優勝できたのか？ 全英女子では、「笑顔」が注目されたが、その裏にある強気で大胆なプレースタイルが一番の理由だといわれている。海外の報道でも、「まるで旅行を楽しんでいるようだ」と、大舞台で優勝争いをしている中でリラックスした表情を見せたことが、衝撃をもって伝えられた。渋野の強さの秘訣は、大きなプレッシャーのかかる場面で「ふつう」に笑えるメンタルの強さである。

もちろん、ゴルフ好きですら出場していることすら知らなかったほど注目度が低く、失うものがなかったことも功を奏しただろう。

一躍、注目されるようになった渋野は、全英制覇から2日後に帰国した際の会見で、重要なコメントを残していた。

「宮里藍さんのような、日本を代表する、みんなに愛される選手になりたい」

宮里藍は若くして注目され、日本で実績を残したあと、海外にチャレンジした。渋野はいきなり海外で優勝して日本に戻ってきた。スタートラインは宮里とはまったく異なるが、すでに渋野はみんなに愛される選手となっている。

あとは、宮里のように注目される中でどれだけ結果を残すことができるか——笑顔をどこまでキープできるかにかかっている、といえるだろう。

3番ホール

評価が

上がる
マナー

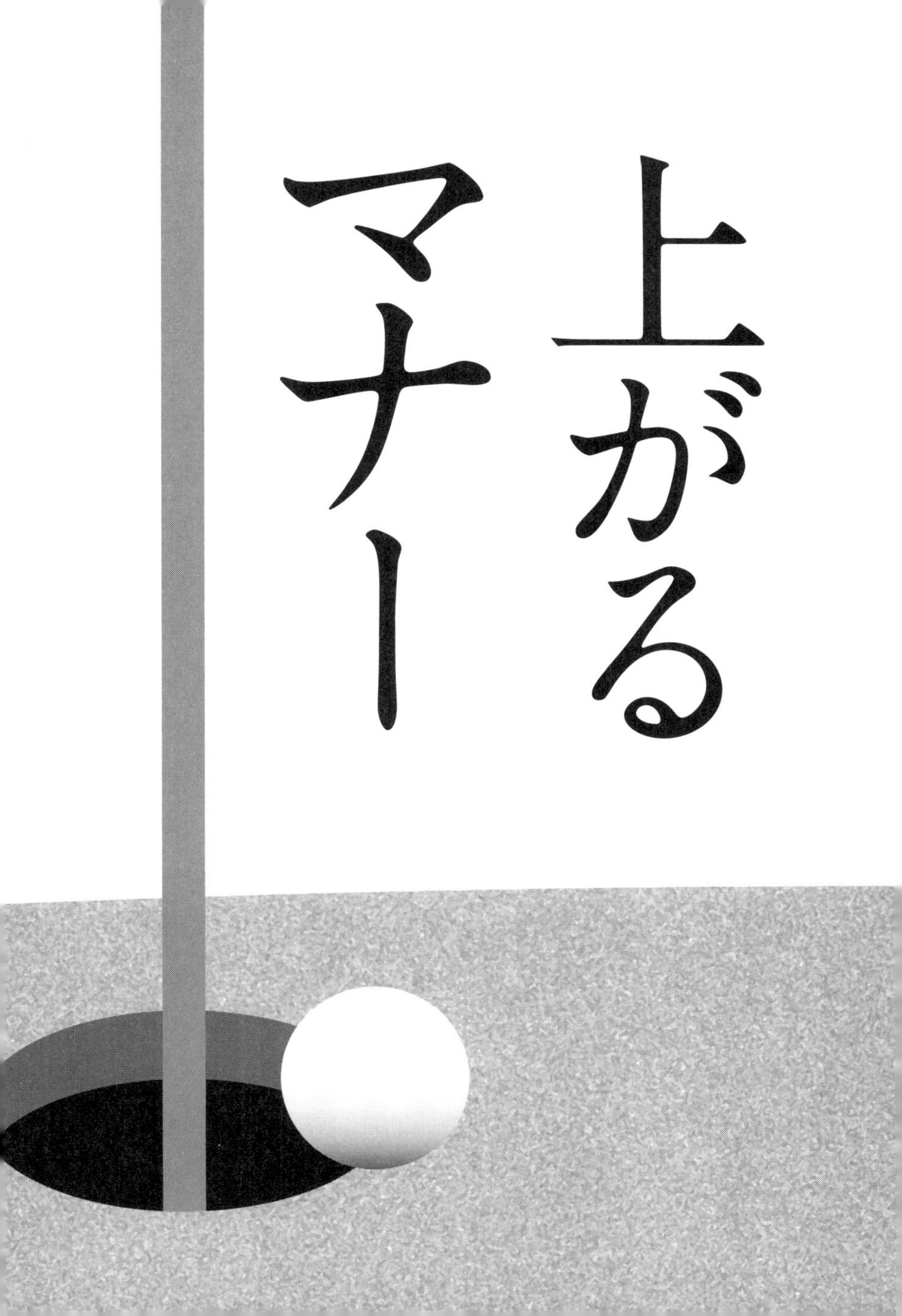

「ゴルフ昇進」を実現する2つの鉄則

なぜ、ゴルフではマナーが重視されるのか？

「ゴルフ昇進」――かつて日本を代表する大手航空会社の内部で、まことしやかな噂が流れた。目立たないキャビンアテンダントが、数多《あまた》の先輩を追い越し、異例の昇進をしたのだ。彼女は、業績や容姿が特別すぐれているわけでもなかった。

また、ある男性は会社主催のゴルフコンペで社長と同じ組で回り、直後に大きなプロジェクトの担当として抜擢され、さらに役職についた。２人に共通することは、ゴルフが大好きなこと、スピードプレー（迅速なプレー）を心がけていること、ゴルフマナーが良かったことである。先を越されたライバルたちはささやいた。「ゴルフ昇進だね」と。

接待やコンペの鉄則は、「スコアや勝敗を二の次とし、マナーを最重視する」ことと「ルール遵守」。この2つが必要不可欠である。

マナーは英語で「Manners」と表記する。この言葉は、イギリスのマナハウス（Manor House）と深い関係があるという。

マナハウスとは、カントリー（田舎）における社交の中心の場のことで、ここから「マナー」という言葉が誕生した。イギリスにおいては紳士的なふるまいや宮廷の作法などが、現在まで脈々と受け継がれている。

「ロイヤル」の名称がつくイギリスの名門ゴルフコースは、その名のとおり王室とゆかりが深い。そこは社会的地位の高い人々の社交場であり、商談場でもあった。

ゴルフと接待や、コンペとマナーの密接な関係は古くから続いているのだ。

腕前よりもマナーが武器になる

ゴルフは上級者であろうとマナーが悪ければ尊敬されない。名門ゴルフ場では会員資格審査の際に、理事など役職を務めるメンバーとラウンドをする。そこでチェックされるのは技術ではなく品格、つまりルールとマナーのレベルだ。

接待やコンペでも、腕前以上に立ち居ふるまいを見られてしまう。ゴルフ場でやっていることは、ビジネスの現場でもやっていると見られてもおかしくない。マナーが悪ければ、ビジネスパーソンとしての資質が疑われる。

逆にいえば、ゴルフで信頼関係を築いて契約がまとまることもありえる。会話する機会も多いため、親近感を抱かせることができるからだ。交渉を進めるにはうってつけのスポーツともいわれるゆえんだ。

マナーとは、相手を思いやり尊重する心を、スマートに表現するものだ。ビジネスマナーの心得がないと、商談がスムーズに進まないのと同様に、ゴルフにおいても、マナーの心得がなければスロープレーになったり、同伴者の気分を悪くさせたりする。

同伴者としての評価が下がると敬遠され、しだいに誘われなくなる。

逆に、マナー違反をする人もいる。打ちやすい場所へボールを動かすところを見れば、相手はげんなりするはずだ。

ゴルフマナーは多岐にわたる。競技中のマナー以外にも、クラブハウス、食事、ラウンド後のパーティー、移動中などのあらゆるシーンで求められる。ビジネスを絡めたゴルフとなれば、どの場面でも合格点に達したい。

腕前は関係ない。とにかく気持ちよくプレーしてもらうために、マナーを身につけよう。それだけで、ビジネスもゴルフ人生も大きく変わるのだ。

Tobari's Eye

1925年の全米オープン初日、11番ホールでティーショットをラフに入れたボビー・ジョーンズは、そこからグリーンに乗せ、2パットで終えました。

ところが彼は、ボギーを申告します。「アドレスの際にボールが動いたので1打罰だ」と。

周囲から「黙っていたらばれないのに」と言われても、ジョーンズはそのままプレーを続けました。結果、プレーオフで敗れてタイトルを逃しますが、その姿勢は大いに称賛されました。

名門ゴルフ場におけるドレスコード

もしあなたが、オリンピック開催コースに誘われたら？

ゴルフ場には、「ドレスコード」と呼ばれる服装規定がある。来場時、プレー時、クラブハウス内において、そのゴルフ場の雰囲気にふさわしい服装が求められる。名門ゴルフ場ほど、ドレスコードを遵守しないことへのペナルティは大きい。

「来月、A社の社長さんに誘われて、会員制のゴルフ場に行くけど、キミもどう？」

「ぜひご一緒したいです。どちらですか？」

「東京オリンピックで使う霞ヶ関カンツリー倶楽部だよ」

上司からの魅力的なお誘いだ。

さっそく、ウェブサイトで「霞ヶ関ドレスコード」をチェックする。

「――服装は当倶楽部の品位と伝統を守った、色・柄・デザイン等とともに、着方・履き方・身に着け方にもご配慮いただくようお願いいたします」。さらに、「ご承知されずにご来場されますと、着替えをお願いするなど、大事なゲストの方が大変不愉快な思いをされかねません――」。

読んでいるだけで緊張してしまう。自分の服装がひっかかると、A社の社長や上司にも恥をかかせてしまいかねない。この時点で「ああ、面倒くさいし、怖い」と、逃げ出したくなりそうだ。

しかし、仕事で1段ステップアップできるチャンスなのだ。チャレンジしよう。

名門ゴルフ場は、高級ホテルや一流レストランと同じと考えればわかりやすい。

来場時はジャケットを着用し、長ズボンに革靴だ。ゴルフシューズは持参して、ロッカーで履き替える。

ドレスコードの例

- ブルゾン・ジャンパーでの来場は禁止
- カーゴパンツ・ジーパン禁止
- 半ズボン着用時は、ひざ下までのハイソックスを着用する
- 半袖シャツの下に長袖のアンダーウエアが見えてはいけない
- 手ぬぐいやタオルを首に巻く、腰からぶら下げるのは禁止
- 危険防止のために帽子を着用することを推奨

プレーするときはポロシャツがいいだろう。もちろん襟のないスポーツウエアは避ける。長ズボンはジーンズでないほうがいい。クラブハウス内でもサンダルや草履はご法度だ。

学生時代の服装チェックを思い出してみよう。その日だけは模範生として規則に従うだけだ。決められたドレスコードさえ守れば、第一関門は突破。いかなる名門ゴルフ場であろうとも、堂々とふるまえばいい。

格上げアイテムはこれ一枚、ゴルフ場に行くときは忘れずに

ゴルフ場に行くときの格上げアイテム、それはダークジャケット。とくに紺色のブレザーがおすすめだ。グレー、紺色などのダークジャケットを着用すれば、よほど場違いな服装をしない限り、いやな思いをしない。

最近は夏場にジャケット着用免除、半ズボンOK（ただし、ひざ下までのロングソックス着用）のゴルフ場も多くなってきたが、着るだけでスマートに見えて損はない。プロゴルファーやゴルフ関係のジャーナリストは、突然フォーマルな場面に出くわしても困らないように、必ずジャケットを車に置いている。羽織るだけで、だいたいのことはクリアできる。男女共通で、まさに魔法のマントのような効果がある。

近年、ゴルフ場には、黄色、オレンジ、緑など「ビタミンカラー」のウエアでプレーするゴルファーがあふれている。接待やコンペでは、奇抜な色やデザインは一切必要ない。落ち着いた色合いで、オーソドックスなデザインのウエアを選びたい。

いずれにせよ服装で失敗しないためには、ラウンド前にウェブサイトで調べる。わからなければ遠慮せず電話でゴルフ場に問い合わせる。事前チェックは欠かせない。

初心者にありがちなマナー違反

1時間前に到着すれば評価は下がらない

ゴルフは事前にプレーの予約が必要であり、スタート時刻も、プレー時間も決められている。スタート時刻ギリギリに到着するのも、同伴者やスタッフに気をもませるため迷惑がかかる。少なくとも、スタートの1時間前にはゴルフ場に到着しよう。

スタート時刻から逆算すると、ティーアップする前に打順を決めたり、クラブの本数確認をしたり、といった作業がある。これを考慮すると、スタート時刻の10分前にはティーイングエリアにいたほうがよい。

練習グリーンで10分、ショット練習に20分、着替えと受付に15分と考えると、ちょうど1時間。ここまで準備万端ならば、好印象。評価が下がることはない。コースに着いてから、朝食をとったりする場合は、さらに30分程度の時間を見ておこう。

接待ゴルフの場合は、朝のお迎えから時間厳守だ。参加するのがビジネスの相手となれば、遅刻は何があっても許されない。渋滞に備えての代替ルートはもちろん、車がダメでもたどり着く手段は前日までに考えておく。

万が一、ギリギリの到着、スタート時刻に間に合わないことなどが判明したら、その瞬間にゴルフ場のフロントに電話をする。移動中の同伴者にも知らせ、スタート時刻の調整など手配しなければならない。そして、電話のあとで考えるのは、言い訳ではなくプレー後に食事をおごるなど、何かしらの埋め合わせだ。

打つ構えに入ったら、静かに見守る

同伴者が打つ構え（アドレス）に入ったら、会話はストップ。会話相手が上司で、気づかずに話し続けていたとしても、ティーイングエリアを指したり、「打ちますよ」などと小声で伝えたりして、とにかく見る。打つ瞬間を見ていないと、ボールの行方がわからず、声をかけられなくなってしまうからだ。

スタートホールやパー3のホールでは、前の組のカートの後ろで順番待ちをすることがある。前の組でもアドレスに入ったら静かにしよう。ショットする人の視界に入っていたりすると、失礼にあたる。

吸わなくても吸える場所を把握する

ゴルフ場によってさまざまだが、日本のゴルフ場のコース内は禁煙の場合が多い。最近はクラブハウス内も全面禁煙のコースが増えている。でも、「吸わない自分には関係ない」と思っているあなた、それでは、ゴルフ昇進の道はけわしい。

接待やコンペにおいては、一緒にプレーする同伴者がタバコを吸うことを想定し、喫煙所の位置を把握しておく必要がある。吸いたい人はイライラしがちなので、ちょっと教えてあげるだけでも、「気が利くヤツ」と思われるのだ。

ショット後の修復は同伴者への気配り

ディボット跡に入れる砂は地面と同じ高さに

ラウンド中にダフッたとき、あなたはどうしているだろう?

「ダフリ」とは、英語の「duff(叩く)」に由来するミスショットだ(39ページ参照)。クラブがボールに当たる前に地面を叩くと、スイングのエネルギーが奪われ、ボールは飛ばない。

移動中にたまに見つかる、「ディボット跡」を放置するのは、マナー違反。だが、プロの試合を見ていると、ショットのあとで直しているようには見えない。だがじつは、見えないところで、キャディさんがしっかり直しているのだ。

ディボット跡の直し方は難しくない。カートに積まれている目土袋を使えばいい。目土袋から砂をスコップで取り出して穴に入れ、足で踏んで平らにならしたら完了だ。

ただし、砂は地面と同じ高さまで。高く盛ってそのままにすると、次にそこへボールを打った人が困る。小さなバンカーのようなものだからだ。

また、はぎ取られた芝生片（ディボット）が近くで見つかったなら、その塊を

Tobari's Eye

芝生のことを「ターフ」といいます。ショットによってはぎ取られた芝生片は「ディボット」です。
「はぎ取られた芝がターフ、穴がディボット」と勘違いしている人も多いはず。穴は、「ディボット跡」。覚えておきましょう。
ピッチマークの修復に使う道具は、日本では一般的に「グリーンフォーク」と呼ばれていますが、英語では「ボールマークリペアツール」、あるいは単に「リペアツール」といいます。

バンカーレーキの使い方

①歯の部分を下にして、押すようにならす　②平らな面を使ってなでて、整える

戻してすき間に砂を入れ、踏みつけるだけでかまわない。

バンカーは低い場所から入る

プレー中、バンカーにボールが入った場合には、「打つ前」と「打ったあと」に求められるマナーがある。

まず、バンカーへ入る際は、できるだけ「ボールに近く低い場所」から入ることが望ましい。バンカーのへり（法面）を傷めないためと、足跡をできるだけ少なくしてバンカーレーキを使ったならし時間を短縮するためである。

レーキできれいにならすコツは、「引くのではなく押す」だ。引いてならそうとすると、手元のほうに砂をかき寄せてしまい、ムラのある仕上がりになる。砂が均等になったら、最後にレーキを裏返して、歯の裏側でやさしく表面をなでて整えれば完了だ。

また、ならし終えたレーキの置き場所もポイントがある。ゴルフコースによっては、バンカーの中に置く場合、外に置く場合、さらに立てかける場合などさまざまで、正解はない。

ただし、フェアウェイや花道（グリーンにつながるエリア）などには、レーキを置いてはならない。後ろの組が、レーキのせいでアンラッキーな結果になることのないようにする、という心配りも信頼を得るコツだ。

ピッチマークは慎重に修復を

グリーンにボールが落下したときにできる跡を、「ピッチマーク」という。一般的には、「ボールマーク」という呼び方もされている。

初心者はプレーに集中するあまり、このピッチマークを放置しがちだ。ピッチマークをそのままにしておくと、芝が枯れて変色し、グリーン面がへこんだままになる。

ピッチマークの修復方法

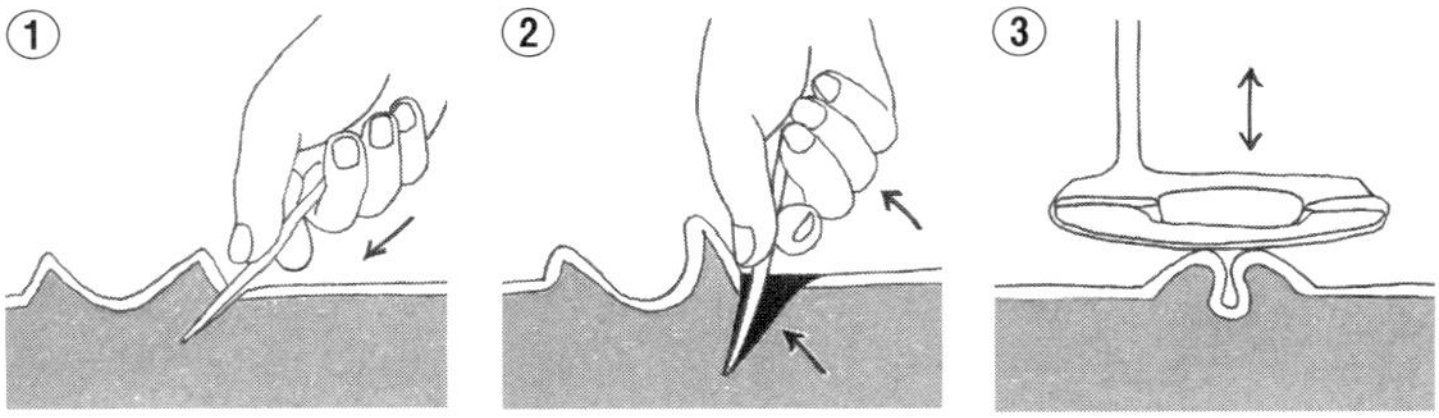

①盛り上がった部分の外側にフォークを刺す

②フォークをへこんだ部分に寄せるように押す（上下左右から同様に）

③パターで軽く叩いてならす

そうするとグリーンのクオリティが低下し、パッティングの妨げになる可能性もある。必ず修復しよう。

ただし、誤った方法で修復すると、逆に芝の根を傷つけてしまい、芝の枯死を招くことにもなりかねない。修復は以下の３つの手順（上図参照）。

①ピッチマークの外側にグリーンフォークを刺す、②ピッチマークのある内側に寄せるように押す（このとき根を切らないように注意）、③穴がふさがったらパターでならす。

グリーンフォークは、スコアカードや鉛筆のある場所に置かれている。スタート前には必ず携帯しよう。

安全にラウンドするための3つの心得

打ち込んだと思ったらまず謝る

「準備ができた人から打つ」という、レディゴルフ（ready golf）が推奨されている。ダラダラとプレーするのはマナー違反だ。ただし、打つ前には周囲に「打ちます」と声をかける必要がある。

心得その1。飛んでくるボールは凶器である。打とうとする人の前や横には立たない。2打目以降はボールの位置がバラバラになるので、注意が必要だ。

心得その2。前の組への打ち込みをしないこと。ひんしゅくを買う無作法だ。とはいえ、思いのほかショットが飛びすぎたり、計算外のOBとなったりすることはよくある。打ち込んだかと思われる状況のときは、あやふやな場合も含め、折を見て必ず相手に謝る。スマートに謝ることができる人は、好感度が高い。

心得その3。隣のホールに勝手に立ち入らない。そもそも隣のホールは、プレー中の人に優先使用権がある。

やむをえず立ち入ってショットをするにしても、許可が必要だ。手を上げる、帽子をとって頭を下げるなどの相手に伝えるジェスチャーをして、許可を得てから立ち入ろう。

当然、打ったあともしっかりと謝意を示し、すぐ立ち去るべきだ。

Tobari's Eye

キャディさんがいると、謝罪を任せがち。私が打ち込まれたときは、謝りにきたキャディさんに、「本人が（どうせ打ちに来るんだから）ここに来て、一言『失礼しました』と言ってくださいよ」と伝えます。現われた本人には、「大丈夫！　うまく打ってね」と励まします。これで、おたがいにスッキリできます。

スロープレーで迷惑をかけないための共通認識

あわてる必要はないが、準備不足はNG

ビジネスにおけるゴルフでは、さまざまなことに気を使わなければならない。そのせいで知らず知らずのうちに起こってしまうマナー違反がある。「スロープレー」だ。ここでは、とくに初心者がビジネスゴルフで心得ておくべきポイントを紹介しよう。

①ポケットに2～3球入れておく

初心者であっても、毎ホールOB気味のボールを探すのはまずい。最初からボールは紛失する前提で必ず予備を2~3球持ってプレーする。

②2打目以降はクラブを数本持って動く

これも初心者に多いケース。毎回カートにクラブをとりに戻るのは見苦しく、スロープレーの原因となる。慣れるまでは2、3本持って移動するのが鉄則だ。

③素振りは2回まで(できれば1回)

正確なショットを打ちたいと思うあまり、素振りをくり返す人がいる。自分が打つ番になって、4回、5回と素振りをするのは絶対にNG。ビジネスゴルフにおいては、ひとりよがりと思われて悪印象を与えるだけだ。

④ラウンド中はつねに早歩きを心がける

年輩の人、女性とラウンドする場合に、せかせかと歩くのは配慮が足りない。しかし、自分だけで移動する場面では、可能な限り早歩きを心がける。それでも、「修理地」や「グリーン上」などの芝を傷めやすい場所を歩く場合は注意が必要だ。

また、後ろの組がティーショットを打とうと待っている場合は、小走りで移動して「急いでいます」という姿勢を見せる。同じ組で回っている同伴者にだけ気を使っても、別の組とトラブルになってしまっては意味がないのだ。

気を抜けないクラブハウスでのマナー

汚れに関係なく、入るときはエアーガン

今日は取引先との接待ゴルフ。半分は進行中の案件の相談で、半分は交流を深めるためのイベントだ。

早朝起床でお迎えをして、仕事の話をはさみつつ、初対面の人ともコミュニケーションをとりながらハーフが終了。ランチタイムで一息ついて、午後からは少しゴルフを楽しみたい……。クラブハウスへ向かう道すがら、あなたはそう考えるだろう。

エアーガンの使い方

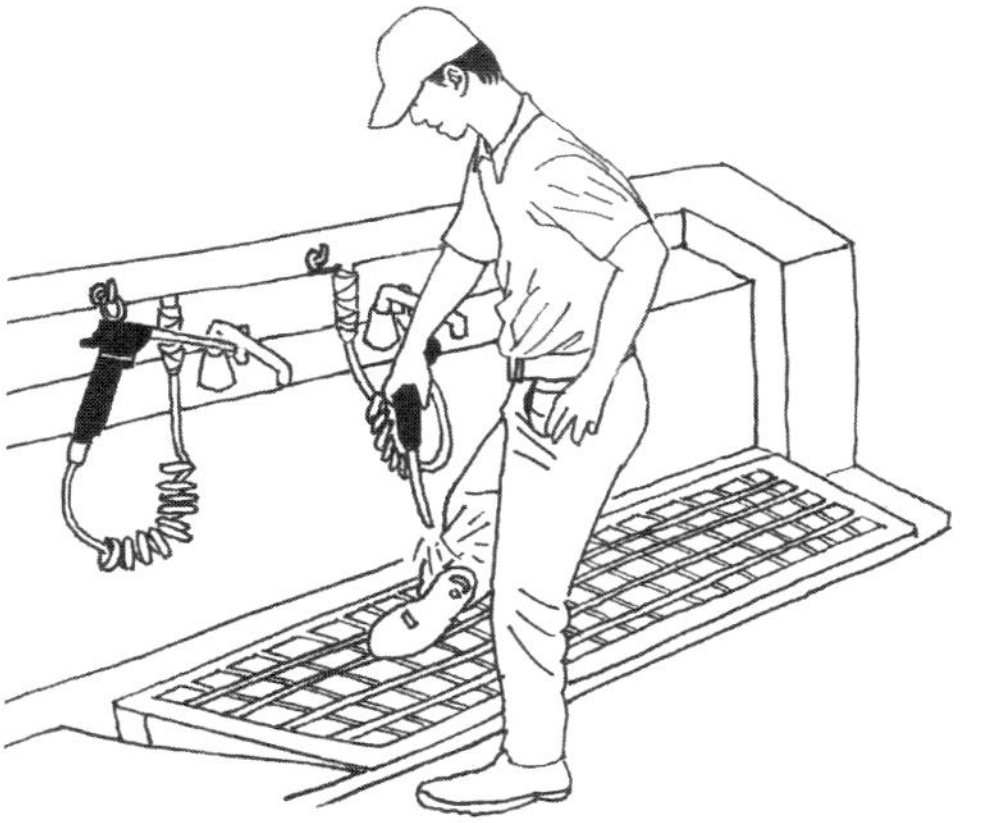

また、炎天下や雨天時のラウンドの場合、いち早く快適なクラブハウスで休みたいという気持ちになる。しかし、同伴者との距離をつめるためにも、ふるまいには気をつけよう。

ここでは、クラブハウスでリラックスするために必要なマナーを紹介する。

①エアーガンは必ず使用する（上図参照）

シューズについた芝や泥は、確実に落とそう。「汚れていないからエアーガンは必要ない」はNG。極端な話、汚れの有無に関係なくエアーガンを使うのがマナーだ。ウエアや靴下などについた芝も、しっかり落としてから入館する。

② 帽子を脱ぐ

多くのゴルフ場ではレストランの入口に帽子かけがある。そこにかけて、レストラン内には持ち込まないようにしよう。そもそも帽子かけは、「脱帽してお入りください」という意味で置かれている。

③ 屋外用のアイテムを脱ぐ

レインウエアやサングラスなども、入館したら必ず脱ぐ。着けたままウロウロするのはマナー違反。また、炎天下でのプレーでは、水分とともにタオルが手放せなくなる。クラブハウスに入るときに、首にかけたままになっている人もいる。

こういった油断や気のゆるみは、同伴者にしっかり見られている。

Tobari's Eye

クラブハウスでのできごとで忘れられないのは、1977年に起こった事件です。来日したジャック・ニクラウスが長年愛用するパターが盗まれました。

騒動の中で、ニクラウスは「私が失ったのはパターだけだ。だが、盗んだ者は心の中の大事なものを失っているはず。私はその人物の今後が心配だ」とコメントしたのです。

翌日、若者が泣きながらパターを返しに来ました。帝王の品格を感じるエピソードです。

クラブハウスを休憩所のつもりで利用するのは、そもそも大間違い。あくまでも社交の場であると意識しておこう。

④飲酒はほどほどに

プレーのあとのビールの味は、格別だろう。ランチタイムを楽しみにしている人もいる。ゴルフはプレー間やプレー中に飲酒が許される、めずらしいスポーツだ。プレー時間が長いことと、社交のひとつであることから生まれた習慣でもある。

ただし、ビールをガブ飲みしたり、居酒屋気分で大声を出したりするのはマナー違反。落ち着いて会話ができる程度にとどめ、スマートな印象を与えよう。

信頼されるゴルファーはスタッフにも礼儀正しい

人間力が測られるコミュニケーションのカギ

接待ゴルフでは、一緒に回る取引相手や上司だけに意識が集中しがちだ。しかし、それだけでは一流にはなれない。じつは、ゴルフ場スタッフとのコミュニケーションのほうが、重要なのだ。

受付からキャディ、ポーター、レストランのサービススタッフまで、乱暴な言葉づかいや上から目線にならないように心がけたい。「こんにちは」「お疲れさまです」など、笑顔と感謝の言葉を忘れずに。一緒に回る同伴者は「ゲストの自分たちに気を使うのは当たり前。では、第三者に対しての言動はどうか」と人間力を見ているのだ。

また、前の組に「行ってらっしゃい」、後続の組に「お先に失礼します」と声をかけるのも印象がいい。明るい場の空気をつくろうとする姿勢は、ビジネスでも重要だ。

何か問題が起こったときも、周囲との関係性ができていれば、ひとりで困ることはない。ラウンド中の忘れ物や落とし物が見つかりやすくなる。とにかく、「スタッフにも礼儀正しく」。それだけで、あなたの信頼感が増していく。

現実的なメリットもある。作業中のメンテナンススタッフが、グリーンの特徴を教えてくれたりするのだ。誰かれかまわず話しかけるのはよくないが、挨拶に損はない。

財閥系の接待ゴルフでよく使われる名門ゴルフ場の取締役兼総支配人の証言がある。

「接待ゴルフの成功のカギは、ゴルフ場との連携だ」

記念品を渡す、VIPにフルコースの食事を用意する、外国語が堪能なキャディをアサインするなど、名門コースならばあらゆる準備はそろっている。ここはひとつ、新入社員に戻ったつもりで、正直に、明るく、ハッキリとした態度で相談しよう。知ったかぶりをせず、素直で誠実であることが、また会いたいと思われるコツなのだ。

交渉を成功に導く接待ゴルフの神ワザ待遇

できる幹事は専属カメラマンを用意する

「ボール、ここにありました！」。ＯＢゾーンに消えたはずのロストボールが、どこからともなく現われる。松本清張原作の『黒革の手帖』のテレビドラマで、野心あふれる銀座の若手ママが、この手法で権力者にアプローチし、見事に成功への糸口をつかむ。

これは、接待ゴルフといえど、非常に微妙なところ。「ボールを良いライに乗せる（フエアウェイをキープする）」のは、お供の役割というのは、ややへりくだりすぎだ。相手のゴルフが有利に進むような接待サポートは、ほめられた行為ではないが現実に存在する。

どこまで接待するのかは、事前にケースを想定して上司と相談しておくべきだ。ただし、接待相手が使用するブランドのボールを準備するのは推奨される。「よろしければ、お使いください」と、さりげなく差し出すのは、無礼ではない。「次回のラウンドにお使いください」という一言を添えて渡そう。なお、プロトーナメントの場合はワンボール・ルール（別のブランドやモデルのボールは使用禁止）もある。

ラウンドの記念写真を撮り、お礼メールや後日の話題のツールとするのは基本中の基本。ゴルフ場によっては、プロゴルファーさながらのかっこいいポーズや、楽しげに盛り上がっているシーンを撮影して販売しているところもある。

しかし、最近の接待ゴルフの神ワザとして、さらに一歩進めたアイデアを使いたい。コンペでは、専属のカメラマンをつける。なぜなら、撮影写真を美しく修正できるからだ。顔面からシワやシミをさりげなく取り去り、生き生きとした表情に変える。

とくに相手が女性なら、好印象を与え満足感を高められるだろう。

上級者向けの景品・手みやげ選びは情報戦

接待ゴルフの手みやげやコンペの景品として喜ばれるのは何か。

ゴルフグッズはひとつの定番だが、上級者を相手とするなら、少し頭を使うべきだ。まずは、ボール、ティーペッグ、キャディバッグなどを厳選して使っているような相手かどうかを上司などに聞いてみよう。話題性がある新商品をすぐ使うタイプなら、そうしたグッズを探してみる。こだわりのメーカーがある相手なら、そのメーカーから探してみる。情報を集め、相手に対する想像力を働かせて「おっ」と思わせるのが、成功への近道だ。

手みやげを選ぶときも同様だ。山梨県のゴルフ場で行なわれたコンペで、山梨県産のワインを手みやげに出したら、もっとも上位のゲストはお酒が飲めない人だったという、笑えない話がある。

過去に開催されたコンペで渡したものは、当然聞いているはず。そのうえで、その評判がどうだったのかまで把握しておく必要がある。一手先を読もう。どうしても選びきれないなら、大手ゴルフ小売店で使える商品券、オリジナルグローブお仕立券、オーダーメイド靴お仕立券がいい。かさばらないだけでも喜ばれるからだ。

キャディのプロ意識を刺激するキラーワード

しくじりたくない接待ゴルフでは、キャディさんを味方につけよう。ラウンドが始まる前に、どのレベルの接待ゴルフであるかを告げ、盛り上がるように協力をお願いする。

「今日は、こういう事情で失敗できないんです。いろいろ相談してもいいですか？」

一方的なサービス要求ではなく、具体的な説明と「相談」というキーワード。頼る姿勢を見せて、相手のプロ意識を刺激したい。これも、接待ゴルフの成功率を上げる重要なポイントだ。

プレー前が勝負！抜かりないラウンドの準備

確認メールに一言添えて気分を盛り上げる

ラウンド前日には、参加メンバー全員に確認メールを送信しておく。忙しいビジネスパーソンは、ゴルフの約束を忘れていることもある。もちろん、ただ「明日はよろしくお願いします」といった確認だけでは印象に残らないが、かといって、長文にすると「ゴルフのことばかり考えているのか」と思われてしまう。

そんなときに使えるのが、ワクワクさせるコメントをつけること。具体的には、短い文章で訪れるコースの魅力を伝えるのだ。

「桜が満開で、今が最高に美しいと聞いています！」

「名物ホールの7番、海に向かってのショットが楽しみです」

景色が想像できるワードを盛り込むだけで、相手にイメージを膨らませてもらえる。

もうひとつ、メールに忘れてならないのが、天候情報。もちろん、ゴルフ場に確認したうえで、準備するものと併せて知らせるべきだ。

「7月に入って、雷雨が増えています。お手数ですが、雨具をご用意願います」

「まだまだ寒く風が強いので、防寒対策が必要とのことです。カイロはこちらで準備しております」

文面から、準備の手際の良さと親切さが伝わり、信頼感が増す。

接待ゴルフでは、季節に合わせた飲み物が必要となる。夏はクーラーボックスで冷やし、冬は大きな保温ポットで温かさを保つ——ここまでは常識。最近は、とくに女性で「常温で飲みたい」という人も増えている。

ラウンド中は、ビジネスの話、ゴルフの話以外の話題も用意しておきたい。その地方の銘菓を配って話題をつくるのも有効。ただし、口の中がパサつくものはNGだ。

女性とラウンドするときのマナー

さりげない一言で好感度が急上昇

　ゴルフ場でほとんどの女性がいやがるのは「日焼け」である。カートはできるだけ木陰に止めたい。昼食時に上席をすすめるのは当然だが、日差しが直接当たらない場所に案内するのもいいだろう。

　男性がしがちなミスで多いのは、うっかりレディースティーを通りすぎること。ティーショットでチョロをして、レディースティーの前に出てボールを打とうとして「打ちますよー」と注意されることがある。女性の存在を忘れてしまうほどの「忘我のゴルフ」は避けたい。

　ラウンド中、次のショットに向かってダッシュする女性には「走らなくていいですよ」と声をかけよう。とくに初心者の女性は、「周囲に迷惑をかけたくない」と、スピードプレーを心がけようとするあまり、ショットが不安定になりがち。楽しんでプレーしてもらうためにも、目配りが必要だ。

　レディーファーストとさりげない一言で、女性に安心感を与え、余裕のある男性に見られるようにしよう。

Tobari's Eye

私は、ゴルフ経験の浅い女性とラウンドするとき、とくにスコアを競うコンペでなければ、楽しんでもらうことを優先しています。
たとえば、女性のショットで打ちづらい場所にボールが落ちてしまったら、ボールを打ちやすいところに移動してあげて「ここから練習してみましょう」と声をかけるようにしています。スコアや勝ち負けを度外視して、まずはゴルフを好きになってもらうことが大切だからです。

外国人とも気持ちよく回る技術

握手ではグローブを外す、それがグローバルスタンダード

最近は工場をアジア各国に設置したり、自社製品を海外に輸出したりなど、グローバルなビジネスシーンが多くなっている。その際にゴルフは「共通言語」として使えるツールとなる。

では、ゴルフの「グローバルスタンダード」とはどのようなものか？　本来、マナーは「郷に入っては郷に従え」が基本だが、外国人とプレーする場合は要注意だ。

大前提としてプロトコール（外交儀礼）に準拠するグローバルマナーを理解しておきたい。国際社会で良識的とされるスマートなふるまいは、好感度を高める。

唐突な自己紹介はNG

まずは、紹介のマナー。地位の高い相手には、初対面でいきなり話しかけるのはNG。もちろん、自己紹介を始めたりするのも礼儀知らずとなる。共通の知人に仲介を頼んでおく必要がある。

共通の知人は、下位の者を先に上位の者に紹介する。下位とは「部下」のほか、「男女なら男性」「年長・年少なら年少者」

Tobari's Eye

トップ選手のフィル・ミケルソンは親日家としても知られます。来日した際のインタビューで、メモを見ながら一生懸命に日本語で答えていました。そんな彼に、ある人が握手を求めました。「ちょっと待って」と言われたその人は、「マナー違反で迷惑がられた」と焦ります。

しかし、ミケルソンはグローブを外して握手しました。ミケルソンの人柄とともに、「握手するときは素手で」というグローバルマナーがわかる逸話です。

である。

接待ゴルフにおいては、最初にあなたが紹介されることが多いだろう。笑顔でアイコンタクトをしながら自己紹介するのがスマートだ。

続いては、握手だ。グローバルマナーでは、その順番にも決まりがある。正式な場では、目上の人から先に手を差し出す。下位者が握手を希望するときは上位者の許可をもらう。つまり、多くの場合は手を出されるのを待つ。女性と握手をする場合も、まずは待つ。手が出てこなければ、「握手いいですか」とお願いをしよう。

中東の多くの国では飲酒が禁じられている。ゴルフ場でも当然ながら禁酒で、見つかれば、なんと逮捕される。イスラム教徒の人と日本で接待ゴルフをする際も、お酒をすすめてはならない。同行する場合は控えよう。ただし、形式上飲まないだけで飲酒する人もいる。気になる場合は、事前に先方に確認しておきたい。

ヒンドゥー教徒を接待する場合は、面前でビーフステーキを食べないようにする。ヒンドゥー教で牛は神聖なものだからだ。外国人とラウンドする際は、タブーがないかよく確認して、相手に合わせたほうがよいだろう。

外国人に通用しない和製ゴルフ用語

和製ゴルフ用語	正しい英語表現(読み方)
ナイスショット	Good Shot(グッドショット)
ショートホール	Par 3
ミドルホール	Par 4
ロングホール	Par 5
ドラコン	The Longest Drive(ザ・ロンゲスト・ドライブ)
ニアピン	Greenie(グリーニー)　Closest to the pin(クローゼスト・トゥ・ザ・ピン)
トップ	Topped Shot(トップド・ショット)
パーオン	Green In Regulation(グリーン・イン・レギュレーション)

「アゲインスト」は通じない

日本で当たり前のように使っているゴルフ用語も、外国人には意味が通じないケースが多々ある。

たとえば、向かい風を意味する「アゲインスト」は、海外では「ヘッドウインド」。追い風の「フォロー」は「テイルウインド」となる。グリーン上でも「スライスライン」とはいわず、右に曲がるときは「ブレーク・トゥ・ザ・ライト」を使う。同様に、「フックライン」は、「ブレーク・トゥ・ザ・レフト」だ。

外国人に通用するゴルフ用語は、まさに共通言語として非常に重要なのだ。

4番ホール

接待がスムーズに運ぶ

コースでの慣習

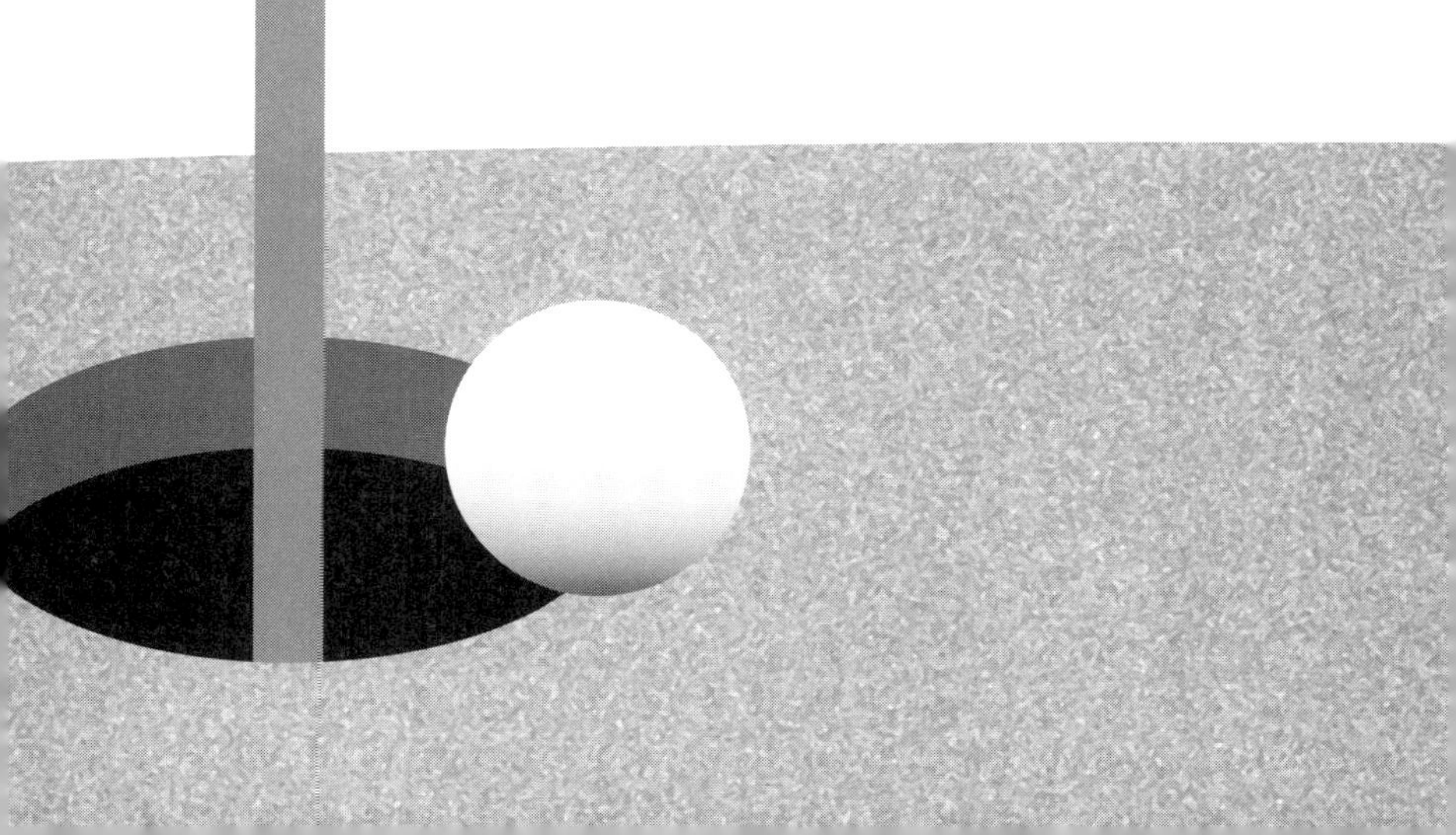

接待・コンペで必須！ハンディキャップの決め方

公式と非公式の2種類

一口にハンディキャップといっても、大きく分けて2種類ある。

ひとつは、日本ゴルフ協会の会員となり、証明書として受け取るもの。いわゆる「オフィシャルハンディ」で、本格的にプレーする人が取得している。なお、2020年からは世界統一の「ワールドハンディキャップシステム」が導入される。

もうひとつが、「プライベートハンディ」と呼ばれる、略式のハンディだ。

ダブルペリア方式の計算例

※打数制限なし、パー72の場合

Aさんのスコア　105（隠しホールのスコア73）

Bさんのスコア　96（隠しホールのスコア65）

（隠しホールのスコア×1.5－72）×0.8
＝ハンディ

Aさんのハンディ＝30　105－30＝75（ネット）

Bさんハンディ＝20.4　96－20.4＝75.6（ネット）

Aさんは Bさんより上位となる

ここでは、コンペなどで実際に用いられている「ダブルペリア方式」（「新ペリ」とも呼ぶ）のプライベートハンディの決め方を紹介する。

あらかじめ12ホールに隠しホール（プレーヤーは知らない）を設定する。パーの総計が48になるようにして選んだ12ホールの合計スコアを1・5倍してから72を引き、0・8をかけた数字が、そのプレーヤーのハンディとなる（上図参照）。

この方法で計算すると、不思議なことに誰にでも上位に入るチャンスが生まれるのだ。

集計は、頼めばクラブスタッフがやってくれるので、事前に伝えておこう。

幹事が知っておくとコンペが盛り上がる決め事

参加者の種類、人数、腕前に合わせて柔軟に考える

ゴルフのコンペは、ビジネスにおいては社交のひとつだ。ふだんは雲の上のような高い地位にある人、業界のドンのような人物とも接触する機会となる。あなたが幹事を頼まれた場合、会社としての、または個人としての力量が試されることになる。

ゴルフの腕前は、ビジネスシーンの活躍度と比例するわけではない。そこが難しいポイントだ。幹事は参加者が楽しい1日を過ごせるよう、配慮する必要がある。

まずは、基本ルールの設定だ。

過去、何度も開催されているコンペであれば、参加者は常連で固定され、ハンディキャップもすでに決まっている場合が少なくない。

しかし、ビジネスの世界では、個人の参加を求めることもあれば、その職責にある人に随時参加を依頼することもある。初参加の人が多い場合は、通常のハンディキャップ戦より、誰でも上位に食い込める可能性があるダブルペリア方式（117ページ参照）のルールを導入するのがよいだろう。

打ち直しを1回だけ認める「マリガン」

ミスショットを犯したとき「マリガン」と宣言することで、打ち直しができるというお助けルールは、交流を深めるゴルフコンペにおいては有効活用できる。

1ラウンドで1回、あるいはハーフで1回と、宣言できる回数を決めておく。

それ以上マリガンの宣言を可能にするのは推奨できない。スロープレーとなり、またここ一番の奥の手というゲーム性も薄れるからだ。

使用する機会は、ティーショットでも、パッティングでも、もちろんかまわない。それぞれが「ここぞ」と思う場面で宣言する。上手なタイミングでマリガンを使えば、ベストスコアを記録することも可能だ。

腕前に関係なく、参加者全員が楽しめる独自ルールに、「オネストジョン」がある。プレー前に、本日の自分のスコアを宣言するというルールだ。宣言どおりのスコアで上がれれば特典を得られるというものだ。

スコア申告の誠実さが問われ、宣言したスコアをオーバーするのは問題ない。もし下回っていたら、簡単なペナルティを科す。終盤でスコアを調整する人が現われないよう、どこかに隠しホールを設定し、「そのホールではいくつ打ってもパー」とするなどもいいだろう。

プレーイング4で打ち直しを省き、スピードアップ

プレーの終了後に全員がその日を振り返り、楽しく過ごせたと思えるコンペであれば、幹事や幹事補佐のスタッフとしての評価が上がる。

ここでは、コンペで採用を考慮すべき特別ルールをいくつか挙げておこう。

①プレーイング4

1打目のショットがOBまたはロストボールとなった場合、打った位置に戻って打ち直しをするのは手間がかかる。

そこで、2019年からローカルルールとして採用が認められた新ルールのプレーイング4「2打罰としてロストボールとなった地点の近くでドロップして再開」を活用したい。とくに、初心者が多く参加するコンペなどで、何度も打ち直しするのを減らすことができる。

プレーのスピードを速める意味もあるので、ぜひ取り入れたいルールだ。

②6インチプレース

ボールの位置を少し動かすことができるルールで、スコアを競うコンペよりも、親睦を深めることを目的とするコンペではよく活用されている。

本来、プレー中はカップに入るまでボールに触れてはならないが、ジェネラルエリア内であればボールを拾って、6インチ（約15センチ）の範囲までなら動かしてもよいとすることが多い。おもに、木の根元などに落ちた場合などに使える。

③ＯＫパット

グリーン上で短い距離のパッティングが残り、同伴競技者が「ＯＫ」を出せばカップインせずにホールアウトしてよいとする。これも、スロープレーを避ける意味で活用されている。なお、短い距離とはワングリップ（普通のクラブのグリップ１本分の距離）相当とする。

必ず設定される「ドラコン」「ニアピン」

コンペにつきものの「ドラコン」。ハーフラウンドに１つ、ドラコンホールを設定する。たいていのゴルフ場で、おすすめのパー５が決まっていることが多い。

ふつうは飛ばし屋が賞を獲得する確率が高いが、フェアウェイをヒットしなければ資格がなくなるというルールがある。

つまり、ほどほどの距離でフェアウェイが狭いホールを選べばゲーム性が高まり、飛距離を出せない人でも楽しめる可能性が出てくる。これはゴルフ場のキャディマスター（ラウンドのスタートの管理などをする人）と相談して決めるのがよいだろう。

ドラコン、ニアピンの旗

18ホール中にドラコン・ニアピンを2ホールずつ設定し、イン、アウトに分かれてプレーする場合は、各4本ずつ必要になる（ペンも4本必要）。

「ニアピン」も「ドラコン」と同様に、ハーフラウンドに1つのホールを設定する。こちらは、パー3が基本だ。

ドラコンやニアピンは、旗を使って位置を示す。最初の組でもっとも遠くへ飛ばした（またはピンの近くにボールがある）人が旗を立て、名前を記入する。次の組以降で距離が更新されるたびに、名前も更新して旗を移動していく。

なお、最後の組は、旗を回収するのを忘れないようにしよう。

ちなみに、「ドラコン」も「ニアピン」も英語を短くした表現。海外ではおもに「The longest drive」「closest to the pin」と呼ばれる。

コンペの幅を広げるゲーム方式

「おともだち」「オリンピック」は定番

いつものメンバーによる、恒例の社内コンペ。それを主催する幹事となって3年目、さすがに毎回同じでは飽きる。こんなときに試してみたいゲームがある。

よく行なわれるのが、「おともだち」と呼ばれる2対2のダブルス戦だ。

ティーショットを打ったあと、右側にある2つ、左側にある2つのボールの位置でパートナーが組まれる。チョロを打っても関係なく、あくまで真ん中から見てどちら

おともだち

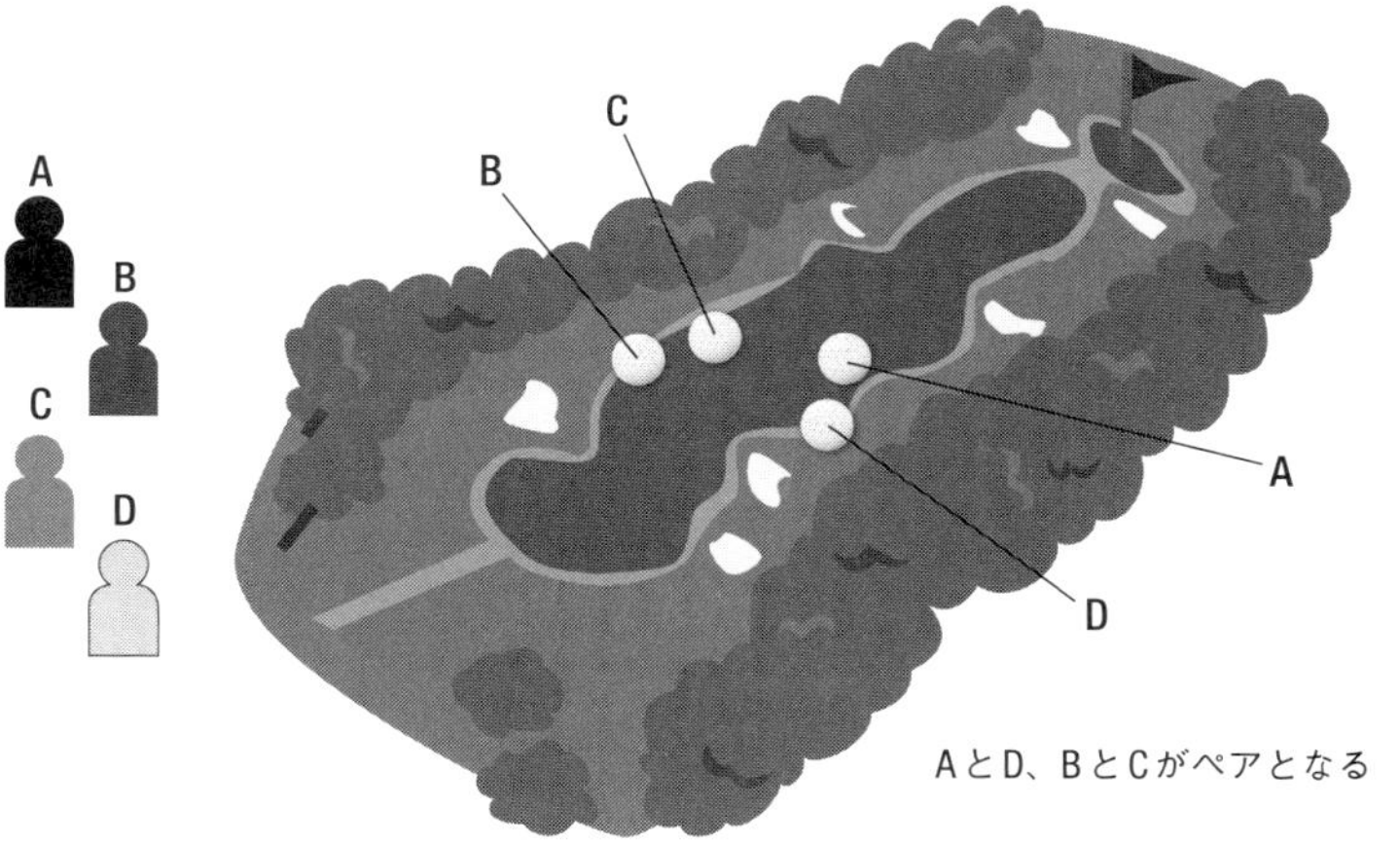

AとD、BとCがペアとなる

のサイドにボールがあるかでペアが決まるのだ。

ペアを組んだ相手とのスコアの合計などで勝敗を決めるなどのルールがある。意識して右左の打ち分けができる腕前のあるプレーヤーには向かないが、意外にそれは難しく、ホールごとにペアは入れ替わっていく。

「オリンピック」という、パッティングでポイントを競うゲームも有名だ。

グリーンに乗った位置が一番遠いところにあるボールがワンパットで入れば金メダルで4点。2番目に遠い位置からワンパットで入ったら銀メダル3点。次に遠い人がワンパットで入れたら銅メダル

2点。一番近い位置からのワンパットは鉄で1点となる。さらにグリーン外からチップインさせたらオリンピック、これが5点だ。

賭けゴルフを持ちかけられたら……

さて、ここまで紹介してきたゲームは、いずれも「握り（賭けゴルフ）」の方法として用いられている。日本において金銭を賭けたゴルフは、刑法で一切禁止（少額でも）されている。過去には、大企業の社内コンペで数百円単位の賭けゴルフが行なわれ、内部告発によって刑事事件とされたことがある。参加者の多くは書類送検された。

接待やコンペで同伴者から持ちかけられた場合、金銭はダメと断ったうえで、昼食やドリンクを賭けたものに変更してもらうなどの対応が必要だ。

もし、それで気分を害するような相手なら、そこまでの関係でしかない。紳士たるふるまいを心がけよう。

ボールのそばにある葉や石ころなどの扱い

プロでも気を使うルールがついに改正

かつては池をウォーターハザードと呼んでいたが、2019年のルール改正で、水場だけでなく、崖やブッシュ（薮）、岩場など、ボールを発見しにくいエリアは、すべてをペナルティエリアに設定できることになった。

ペナルティエリアには、厳密にはレッドペナルティエリアとイエローペナルティエリアの2種類がある。周辺に立つ杭の色（赤、黄）で見分けよう（次ページ図参照）。

2つのペナルティエリアと救済方法

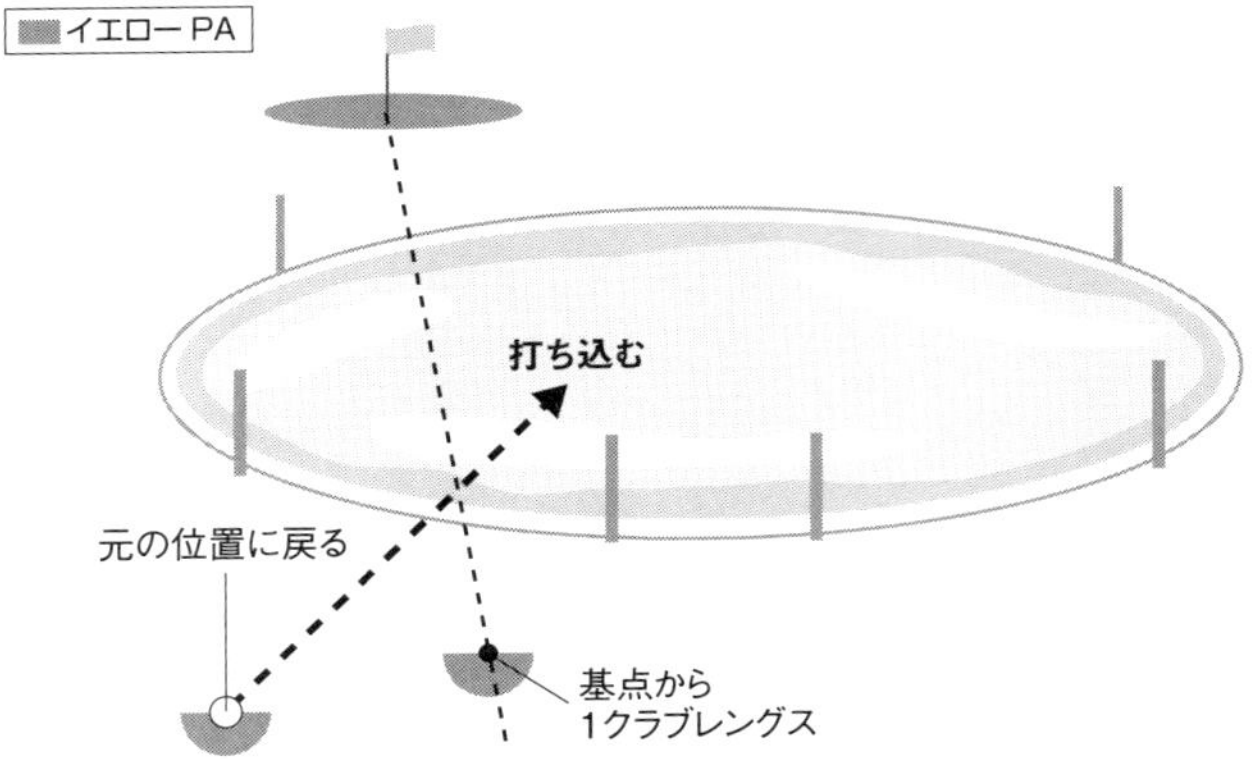

■「イエローペナルティエリア」は、そのまま打てれば打ってよい。罰はなし。元の位置に戻って打つことも可能だが、1打罰となる。また、基点を決め（上図参照）、そこから1クラブレングス以内でホールに近づかないところにドロップする（1打罰）。

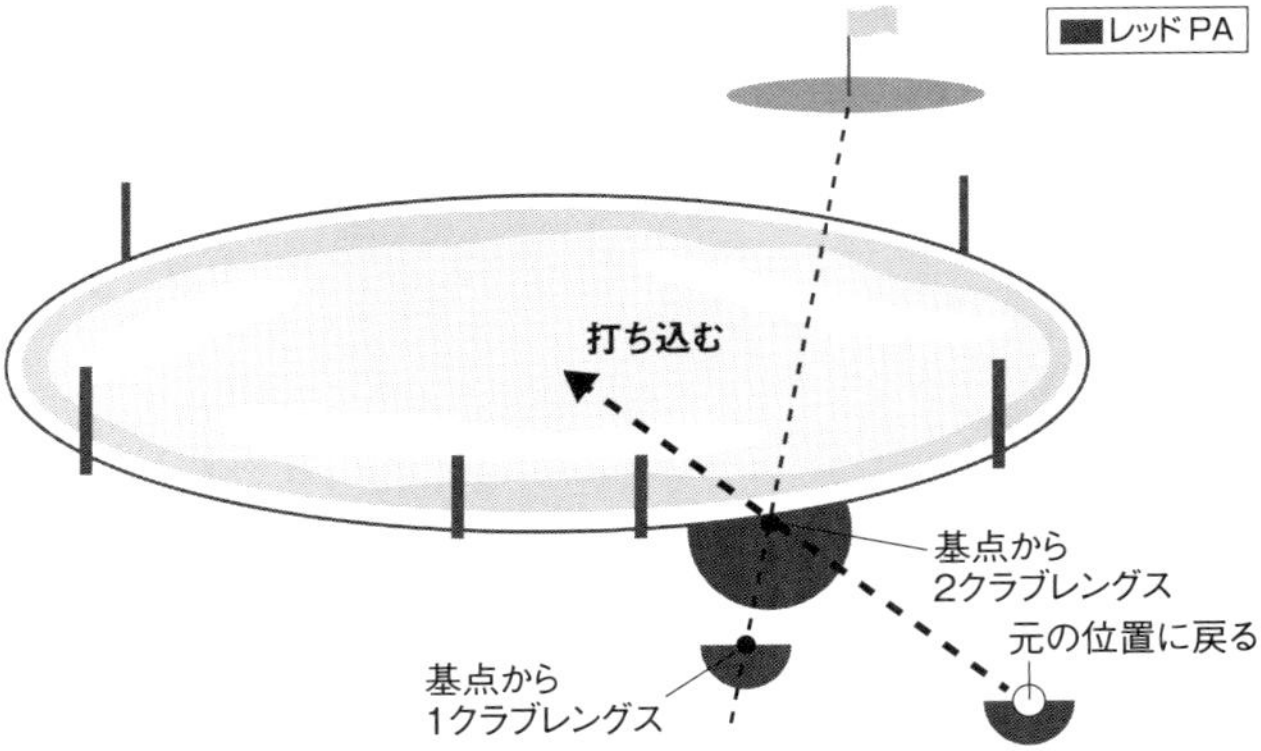

■「レッドペナルティエリア」は、上記に加え、ボールが最後に横切った地点から、2クラブレングス以内でホールに近づかないところにドロップして再開する（1打罰）。

ルール上、ペナルティエリア内にある葉や石、小枝など固定されていない自然物（ルースインペディメント）は取り除いてよくなり、ソールする（クラブを水面や地面につける）ことも許されるようになった。

太平洋クラブ御殿場コースの最終ホールには、グリーン手前の池でしばしば華麗なウォーターショットが見られる。

ただし、ここではクラブを水につけることが許されなかった。テークバックするのに神経を使う光景が見られたものだ。

接待やコンペでも、ペナルティエリア内の葉や石ころはさっさと取り除き、スロープレーを避けよう。

ラウンド前からビジネスは始まっている

練習場に持って行くクラブは4本程度

ラウンドが始まる前に練習をする場合、持って行くクラブはせいぜい4本程度にしよう。クラブが多いとギリギリまで練習してしまうからだ。

まずはストレッチをして、腰や肩、腕を伸ばす。そして小さい振り幅のアプローチで体をほぐし、大きな振り幅のショットに切り替えていくのがいい。打ち終わればまたストレッチをしよう。

ゴルフ場によっては、打ちっぱなしではなく、アプローチの練習場しかないこともある。この場合、ムキになって数を打つのはスマートではない。あくまでも心の準備を整えるつもりで、軽く切り上げるべきだ。スタート時刻は厳守しよう。

腕前に関係なく、混んでいたらサラッと終えて、あとは素振りでチェックするなど、混雑状況に応じてメニューを変えるくらいの余裕がほしい。

誰かのラインと交差しないか確認を

ショットやアプローチの練習では、大きな声を出さないよう注意する。それが終わるとパッティング練習だ。ここでは、注意することがいくつかある。

まず、先に練習している人の邪魔になるような行動は厳禁。周囲をよく見て、自分のラインが誰かのラインと交差しないかを確認してから打ちはじめよう。

混雑しているグリーンに割り込むように入っていくのは、スマートではない。ターゲットを狙うのが難しい場合は、グリーンの端に自分のボールを置き、それを目標にすればいい。タッチを合わせることが最優先だ。

ボールマークの記入

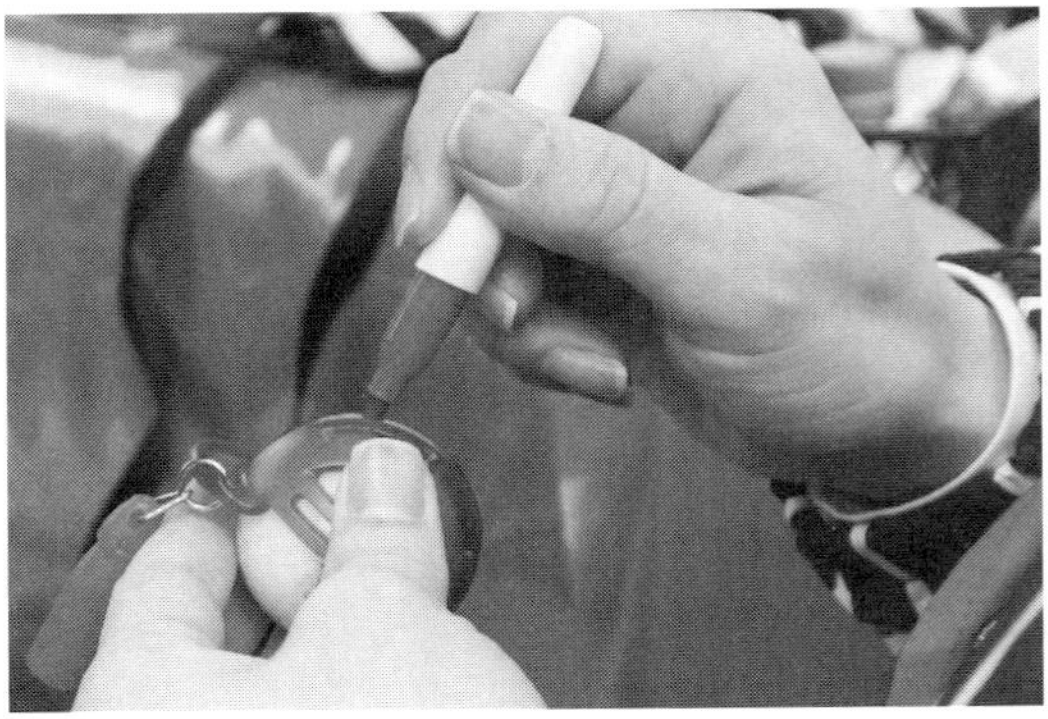

同じマークを書き込める型（テンプレート）も販売されている。

ボールにマークを記しておく

練習グリーンで使用するボールは3球くらいまで。5球も6球も打つと、拾う時間も長くなり、打とうとする人の邪魔になる。

そして、誰かのボールと間違えないようにするために、使うボールにマークを書いておくこと。ラウンド前の無用なトラブルを避けよう。

最後にストレッチをして呼吸を整えれば準備完了……。なのだが、服装の乱れや汚れ、汗だくになっていないかなど、セルフチェックして戻ろう。外見を清潔に保つと、同伴者などにスマートな印象を与えられる。

無理をして周囲に合わせなくていい

スタート前に練習するつもりだったが、同じ組で回る同伴者が練習しようとせず、クラブハウスでお茶を飲んで会話を楽しんでいる。初心者の自分がひとりだけ抜けて練習するのは、なんだか気まずいかもしれない。

しかし、挨拶や確認など、到着してやるべきことをすませたら、ラウンド開始まではどう過ごすのも自由。ラウンドで迷惑をかけないために練習しようとする人を、上級者がとがめることはしないはずだ。

むしろ、雑談に参加したり、ぼーっと座ったりしていた初心者が、あとでそのままの「実力」を発揮するほうが、気まずい雰囲気にさせてしまう。

「このところ、練習できていないので」「下手なので練習してきます」と、正直に伝えて、さわやかに練習場に向かえば、好印象だ。

スタート前の練習は、単にショットの正確性を磨くという意味だけでなく、心の準備体操でもあるのだ。

接待で「ファー」と言うのは気づかい？ 失礼？

どんな状況であれ遠慮は禁物

ティーショットで1番クジを引いた取引先のB課長の第1打。いきなり大きく右に曲げてしまい、打った瞬間「ファー！」と大声を出した。

「朝から大声を出すのは気持ちがいいねぇ！」と、B課長は笑顔でジョークを飛ばし、余裕の表情。ところが、続く2番ホールでも大きく右に曲げて「ファー！」。

小首をかしげながら、「腰の開きが早いか」と小声でつぶやく。その表情は1番ホールよりも硬い。さらに3番ホール、B課長の打ったボールは明らかにフェアウェイをそれてOBゾーンへ……。どうやら調子が悪いらしく、無言に。

さて、次の4番ホールから自分も「ファー!」と言ったほうがよいのだろうか。

ティーショットでOBのときの落胆は、誰しもが経験する。「ファー」と大きな声を出すと、残念な気持ちと気恥ずかしさが入り交じって、心身ともに消耗する。連発してしまった場合は、なおさらだ。心が折れて「ファー」のかけ声が出ない人もいる。

しかし、あなたにもし「相手は大切な取引先の役職者」という意識から、大声を出すことにためらいがあるなら、それは大間違いである。

ほかのプレーヤーに注意を促すことをせず、危険がおよんだり、ケガをさせてしまったりすると、B課長はミスショットを悔やむどころの話ではなくなってしまう。打球事故で数千万円単位の訴訟になるケースもあるからだ。

気づかいよりもマナーが上位

基本的に「ファー」は、打った本人が発しなければならない。この例のように、本人が動揺していたり、打球を追ったりするのに夢中で、言わない場合もある。とくにコンペでスコアを競っている場合は要注意だ。

ミスショットをしたのが目上の人であっても、当人が「ファー」を言わなければ、同じグループの同伴者が「ファー」と注意を促さなければならない。

接待やコンペで幹事役を任された場合は、すべてのショットに目を光らせる必要がある。

そしてゴルフでは、気づかいよりもマナーが上位にある。そのことを理解しているだけでも、信頼されるのだ。

Tobari's Eye

じつは、「ファー」と叫ぶのは、間違いです。「フォアー」と叫ぶのが正しいのです。「フォアー」とは、英語で「前方（fore）」という意味です。

ただし、その語源はハッキリしていません。イギリスの軍隊で用いられていたかけ声の「beware before（前方注意）」が短縮されたという説や、「フォアキャディ（ホールの途中にいるキャディ）」に危険を知らせるかけ声が縮まったという説もあります。

盛り上げ上手の「ナイスキック」の使い方

状況によって使い分ける技術が必要

本来の意味の「キック」は、ボールが地面に当たって弾み、転がることを指す。ただし一般的には、「打ったボールが狙った場所よりそれてしまったものの、斜面や木など当たってフェアウェイに転がり出てくるとき」に使われる。このときのかけ声が「ナイスキック！」だ。

接待ゴルフや目上の人に向かって使ってもさしつかえないが、ＴＰＯをわきまえなければ、失礼にあたることもある。上手に使って、場の雰囲気を盛り上げよう。

第一に、使うのは良いライや位置に戻ってきたときだけ。だから「ナイス」なのだ。ちなみに、ナイスキックは和製英語で外国人には伝わらない。外国人に向けて使うなら、「グッドバウンス」となる。

調子がいい相手には、気にせず使ってかまわない。問題は、調子の悪い相手に向かって使うとき。OBやミスショットを連発してぶぜんとしている上司に、はりきって「ナイスキック！」と声をかければ、気分を害する可能性が高い。表情に注意しよう。

また、自分のショットで「ナイスキック！」と声をかけられたら、謙虚な態度で「運が良かったです」と明るく答えれば好印象だ。

上級者やそのコースを知り尽くした人は、傾斜を使ったキックを計算に入れてショットやアプローチをすることがある。この場合、「ナイスキック」を使ってもよいが、「ラッキー」というより、「技としてすごい」というニュアンスで用いるのがコツだ。

とはいえ、偶然か計算どおりかは、初心者にはわかりにくい。失敗したくなければ、「右にハネました」「フェアウェイに出ました」などシンプルな説明が無難である。

よく使うかけ声と使う場面

かけ声	使う場面
ナイスアウト、ナイスリカバリー	林などからフェアウェイに出したとき、バンカーからうまく出したとき
ナイストライ	難しいショットやロングパットを失敗してしまったとき
ナイスタッチ	10メートルを超えるパットで、ボールをカップに寄せられたとき
ゴー	池やバンカーを越すショットを打った瞬間、距離が足りなさそうなとき
ステイ	フェアウェイやグリーンからボールが出てしまいそうなとき
よろしければお先どうぞ	グリーン上で相手のパットがわずかに距離を残した場合に、先にカップインしてもらうとき

打順の決め方は最初のコミュニケーション

ルール改正に合わせるか、合わせないか

各ホールで一番初めに打つ人を「オナー」という。オナーや打つ順は各ホールで変化する。スタートホール（1番ホールおよび10番ホール）には、スチール製の「抽選器」が用意されている、1～4が刻印されたくじ引き棒だ。これで打順を決める。

あるいは、スタートホールのティーイングエリアでサークル状になり、投げられたティーの先が指した人から時計回りの順に打つという決め方もよく用いられる。

スタートホール以外では、前ホールのスコアの良い人から順に打つ。同スコアなら、さらにその前のホールのスコアで順番を決める……。これは2018年までのルールだ。

2019年のルール改正によって、安全性を確認したうえで、準備ができた人から先に打つことが推奨されるようになった。知らない人も多いので、ラウンド前に順番の決め方について相談するのが誠実な対応だ。

ルールに沿わなくても、スピードプレーを意識してもらえばよいからだ。ルールに沿う場合は、準備ができたら「打ちます」と声をかけよう。

Tobari's Eye

オナー（honor）とは、英語で「名誉」という意味です。前のホールのスコアに対する敬意から、良いスコアの人が先にティーショットを打つという慣習です。ルールではないため、ラウンド前の相談が大切です。

もちろん、準備ができている人から打つほうがスピードプレーにつながりますが、「お先にどうぞ」などの声をかけ合わなければ、危険が伴います。

なお、所有者を意味するオーナー（owner）ではありません。

セルフプレーでのカートの扱い方

カートのタイプは事前に把握しておく

カートを運転する場合、「自分の運転する車に顧客を乗せて走る」のと同様の気持ちで、車よりも危険度が高いことをふまえておく。簡素なつくりのため、曲がるときに横転したり、急発進や急停車で振り落としてしまったりと、事故が起こりやすい。年輩の同乗者がいる場合は慎重に。運転に慣れていなければ別の人に頼むのも手だ。

自走式なら、コース上のどこでも乗り入れられる。ただし、ゴルフ場によっては専用道以外の乗り入れ不可となっているので、スタート前に確認が必要だ。

近年は、決められたルートを走る電磁誘導式のカートが増えている。この操作はボタンを押すだけだが、周囲に人がいないかを確認してから動かそう。最低でも、プレー前日までにどういうカートなのかを把握しておきたい。

電磁誘導式の場合、コース内で強制的にカートが停止する場所がある。進めるのを忘れると後ろの組を待たせてしまうので、早め早めに前へ送ることが重要である。

ただし、まだ打っていない人がいるのに先に送りすぎてしまうと、クラブの交換のためにかなり歩いて、またボールの位置に戻ることになる。さらに、後ろの組から打ち込まれる危険もある。目安としては、もっとも遠い人のショットが終わったら、カートを進めるのがよい。

カートの位置は、その組がどこまで進んでいるかを示す目安になる。悪天候で視界が悪かったり、ブラインドホールが多かったりするゴルフ場などは、前の組のプレー位置をカートで確認しながら進めよう。

ちなみに、毎回カートに戻る必要はない。歩いたほうが早いなら、そうするべきだ。もちろん、同伴者を待たせないために「歩きます」の一言を忘れずに。

ホールインワンのお祝いは日本だけの慣習

万が一、ホールインワンが発生したら？

一説によると、ホールインワンの確率は、中上級レベルのアマチュアゴルファーで約1万2000分の1程度、プロであっても約4000分の1程度だという。

この数字からもわかるように、多くの人にとってはめったにないことのため、ラウンドをサポートしたキャディや同伴者、コンペの仲間に記念品を配ったり、パーティーを開くなどしたりして、お祝いをすることがある。

ただし、これは日本だけの慣習で、海外ではキャディにチップを渡すことはあっても、大々的に祝うイベントは開かれない。

イベントが開かれる場合はショットを打った本人が費用を負担するため、「ホールインワン保険」に加入するゴルファーもいる。こうしたならわしが存在する理由は、「幸運のおすそ分け」「めったにない幸運をつかんだせいで、不幸を招かないように」という意味があるようだ。

具体的にどんな「お祝い」をするのか

ホールインワンが達成されたときの記念品で代表的なものは、一緒にプレーした仲間の名前などが刻印されたゴルフボールやゴルフタオルだ。オリジナルのクオカードなどを作成する人もいる。

コンペなどで達成されると、参加者全員に記念品を配り、盛大な祝賀会が行なわれることもある。会員制コースの場合、ゴルフ場に植樹したりする人もいる。

とはいえ、最近はこうしたお祝いも減ってきているという。

セルフプレー中心ならホールインワン保険は不要

ホールインワン保険はよく知られているが、加入している人はそう多くない。ホールインワンが出ても、保険に入っていないため公表しない人もいる。ただし、接待やコンペでホールインワンが達成されたら、黙っておくわけにはいかない。幹事となった場合は、事前に上司に相談するなどしておこう。

なお、保険金を請求する場合、第三者による目撃情報が必要。同伴者の目撃情報は含まれず、ゴルフ場のスタッフや前後組のプレーヤーなどの署名まで求められる。そしてゴルフ場の「ホールインワン証明書」が必要だ。

また、キャディのいないセルフプレーだと、保険金の支払い対象外となる場合もある。つまり、セルフプレーであればホールインワンを達成したとしても、保険に入っているメリットは薄いのだ。

ちなみに、ホールインワン保険は、単体では存在しない。プレー中のアクシデントに備えた「ゴルフ保険」に付帯するものだ。

ゴルフ場や練習場での事故や自分のケガ、誰かにケガをさせてしまった場合の補償、ゴルフ用品の破損や盗難、ゴルフ場までの移動中の事故などがカバーされている。自宅の庭で練習していて、隣家のガラスを割ってしまった場合に補償してくれる保険まである。

ゴルフ保険の相場は、年間5000円前後が多い。保険会社のほか、クレジットカードの付帯補償プランもある。

ちなみに、接待などでゴルフ保険に入る場合も、経費として認められない可能性が大。自己責任で入っておくべきだ。

Tobari's Eye

コンペでホールインワンが出た場合、私はチャリティをおすすめしています。

これは、ホールインワンを達成した人が、同じ組で回った同伴者に記念品を配るのではなく、一定額の寄付をするというものです。

こうした寄付を目的に行なわれるチャリティコンペが開催されることがあります。フェアウェイをキープできなければ500円、などのように決めてお金を集め、まとまった金額を寄付するというしくみです。

5番ホール

必ず押さえておくべき

ゴルフのルール

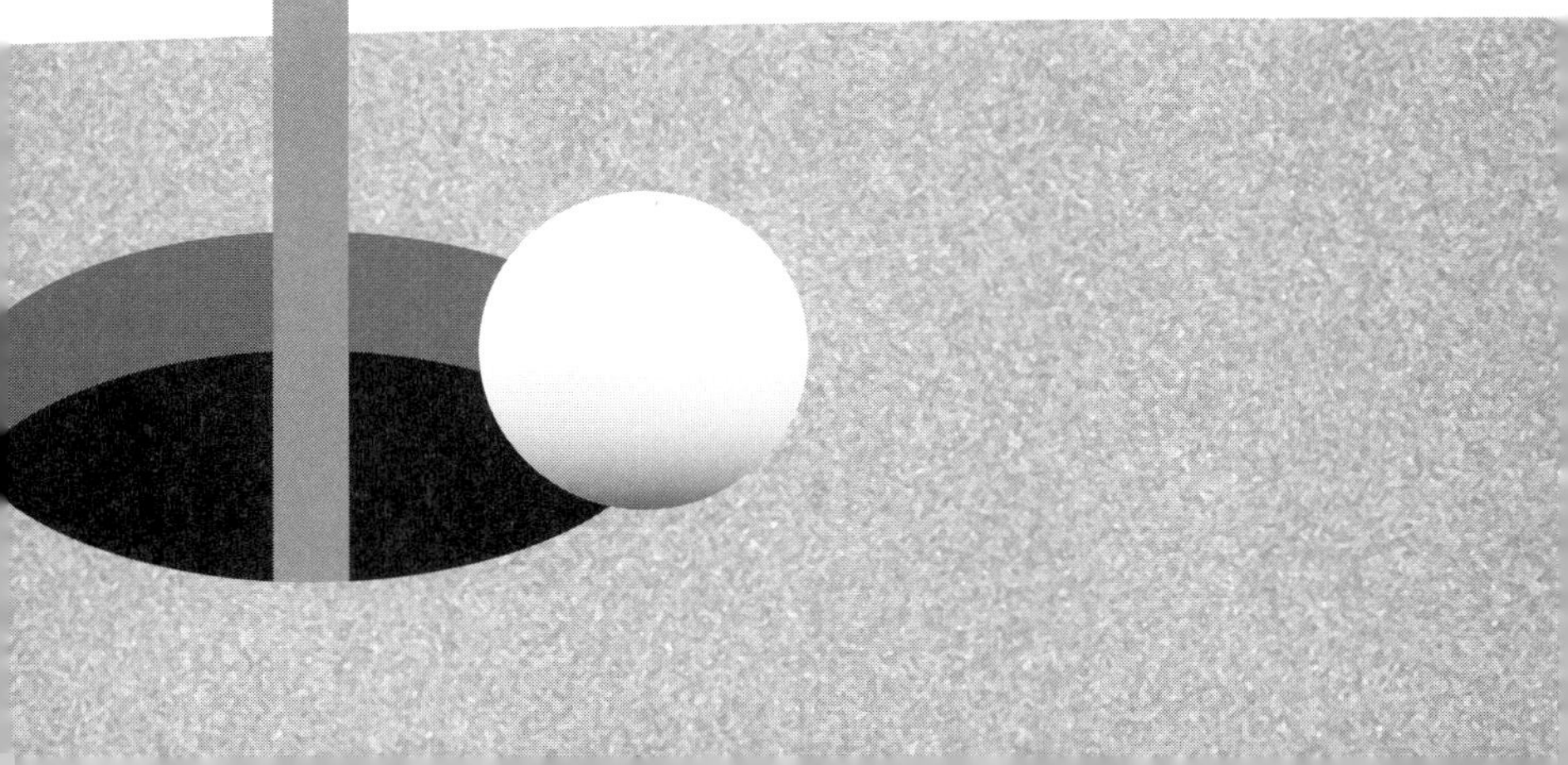

「紳士のふるまい」はルールに明記されている

上流階級＝紳士のイメージは過去のもの？

15〜16世紀にかけて、スコットランドでゴルフがとくにさかんだったころ、ゴルフ場は貴族たちの社交場だった。貴族、つまり上流階級の人たちの趣味ということから「紳士のスポーツ」とされるようになったという。

当時の社交文化は今も残っており、「クラブハウス内のジャケット着用」などは、その名残といえる。ゴルフ場に行くときは、とにかくジャケットを用意しておこう。

では、「紳士としてふるまう」には、どうすればよいか。

じつは、それはルールに記載されている。2019年に改正されたゴルフルール「規則1」には、行動基準として「誠実で正直」が定められている。非行にはペナルティが課されることになった。まずはウソをつかない、ごまかさないことを念頭に置かなければならない。

ゴルフには審判がいない。自分で判定しながらプレーするスポーツだ。ベテランでも、ごまかしながらプレーする人が中にはいるだろう。あなたが初心者・若輩で指摘しづらければ、以後、そういう人と回るのをやめればいいだけだ。

そして、相手も同じように考えていると意識する必要がある。接待でも交流でも、ゴルフにおいては、誠実な姿勢を見せなければ、相手との信頼関係を築くことはできない。一度でもウソやごまかしが発覚したら関係は終わる、と肝に命じておこう。

身なりを小ぎれいにすることも確かに重要だが、上流階級・貴族趣味のようなイメージだけを紳士ととらえるのは間違いだ。あえていうなら、「人に迷惑をかけない」だけでも十分、紳士のふるまいとして認められるのである。

ゴルフの常識が変わった？ルール改正のポイント

100年に1度の大改正、その要点はスピードアップ

マナーや慣習の章でたびたび説明してきたとおり、2019年にゴルフのルールが大幅に改正された。その理由は、スロープレーを避けるためだ。

さて、あなたは大事な契約をとるために、取引先のC部長の接待ゴルフに来ている。経験は浅いが、この日のために綿密に予習をしてきた。ルールブックを読み込み、打ちっぱなしにも足しげく通い、ゴルフのテレビ中継を録画して何度も見直した。

予習の成果を存分に発揮しようと、粗相のないよう慎重に、C部長が打ち終わるのを見届けてから打つ準備をし、念入りに素振りをくり返す。パッティングではじっくりと、まさにプロさながらにラインを読んだ。

しかしなぜか、C部長はホールを回るにつれみるみる不機嫌になり、ランチタイムには怒り出してしまった。当然、契約はパア……。あなたは時間をかけすぎたのだ。時間は自分だけのものではない。それはビジネスの常識と何ら変わることがない。

ゴルフのルールは誰がつくっている？

重要な新ルールは、このあと紹介するので、必ず覚えよう。ここでは、ゴルフのルールは誰がつくっているのかについて解説する。これもゴルフの常識だ。

世界のゴルフの統一ルールをつくっている団体は、2つある。イギリスのR＆A（ザ・ロイヤル・アンド・エンシェント）と、アメリカのUSGA（全米ゴルフ協会／1894年設立）だ。

先に紹介したとおり、R＆Aの母体であるR＆Aゴルフクラブ・オブ・セントアンドリュースは、全英オープンの開催地として知られるセント・アンドリュースのオールドコース脇にある。1754年に設立された歴史ある団体だ。その後、アメリカのゴルフ隆盛に伴い、1952年からは4年に1回、USGAとの話し合いによって世界統一のルールが決められ、2つの団体の名のもとで施行されることとなった。JGA（日本ゴルフ協会）が定める日本のルールも準じている。

これまでのゴルフルールの見直しは、4年に1度、夏のオリンピックのオリンピック開催年に行なわれてきた。通常であれば東京オリンピック・パラリンピックのある2020年の改正となるはずだが、今回は1年前倒しとなった。大幅なルール改革が実施されたのは、世界の注目を集めるオリンピックの前年に改正することで、周知しやすくなることと、世界的なゴルフ人口の減少を食い止める目的があった。

世界的にゴルフに興味を持たない若者が増えている。金銭的な理由もあるが、「緩慢なおじさんのスポーツ」というイメージの定着も影響している。遅延プレーを戒め、多くの人に楽しんでもらいたい、そんな意図が両団体にはあった。

1日つぶれるスポーツから半日で遊ぶスピーディなゲームへ。今、ゴルフのイメージは大きく変わろうとしているのだ。

ゴルフルール改正の要点

※本書で紹介しているもの以外で押さえておきたいものを抜粋

①コース内のエリアの呼び方

【改正前】		【改正後】
ティーグラウンド	→	ティーイングエリア

②ドロップの方法

【改正前】		【改正後】
肩の高さにボールを持って腕を伸ばしたままドロップ	→	ドロップはヒザの高さからプレーヤーや用具に触れないように真下にドロップ

③二度打ちなどの罰

【改正前】		【改正後】
ダフったときなど、1つのスイングで2回以上ボールに触れる（二度打ち）と1打罰	→	罰なしでそのまま次のショットに進めてよい
打ったボールがキャディや用具、自分自身に当たると1打罰	→	打ったボールがキャディや用具、自分自身に当たっても罰なし

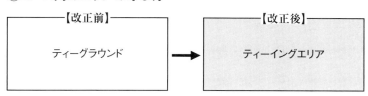

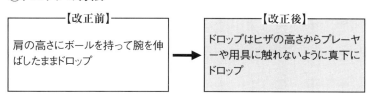

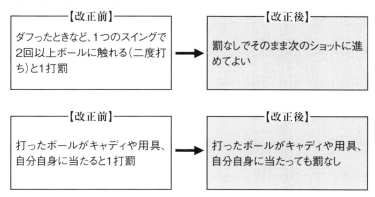

美しいスコアカードのつけ方

性格が出てしまうスコアカード

業務日報や報告書を提出する際、手書きをすることが少なくなった。ゴルフも同じで、スコアをカートのタッチパネル画面で入力するコースが現われている。

ただし、自分で採点する競技であるゴルフにおいて、基本中の基本であるスコアカードの記入方法やその見方は知っておく必要がある（158ページ参照）。書き損じが多いと「雑な人」「せっかちな人」と見られるため、慎重に記入しなければならない。

カードには同伴者の氏名をフルネームで書く。氏名は乱雑に書くものではない。接待ゴルフだからと必死で気を使ったのに、1日の終わりにスコア確認でカードを見せたとき、評価を下げられてしまう可能性もあるのだ。

まずは、自分の氏名を一番左（または一番上）に書く。続いて職責順または年齢順に同伴者の氏名を書く。接待であればその相手の氏名が先だ。

コンペでは同姓の人がいるため、フルネームで書く。成績を集計するのは通常はゴルフ場のスタッフなので、氏名が確認できないようだと、プレー後にマーカー（スコアをつけた人）が呼び出される。

カードには各ホールの距離が書かれている。赤、白、青、黒などの色分けは、距離の違いだ。赤はレディースやシニアが打つ短めの距離、白がレギュラーの距離。青をレギュラーティーにして白をフロントと呼び、さらに短くしている場合もある。青、黒はバックティーで競技者向けに長くなっている。接待やコンペであれば、一般的に赤が女性、白が男性の距離を示す場合が多い。

プロトーナメントのスコアカード例

Daihakone Country Club
DATE

CAT Ladies GOLF TOURNAMENT
CATERPILLAR
CHAMPIONSHIP

PREVIOUS TOTAL
TODAY'S TOTAL
GRAND TOTAL

PLAYER
競技者

HOLE	1	2	3	4	5	6	7	8	9	OUT
YARDS	470	437	166	407	158	361	336	378	517	3,230
PAR	5	4	3	4	3	4	4	4	5	36
SCORE										
PUTT										

HOLE	10	11	12	13	14	15	16	17	18	IN	TOTAL
YARDS	370	372	182	484	380	563	421	170	532	3,474	6,704
PAR	4	4	3	5	4	5	4	3	5	37	73
SCORE											
PUTT											

MARKER'S SIGNATURE
PLAYER'S SIGNATURE

コースレート。左側が男性、右側に書かれた数字が女性対象の難易度。パー72（基準）に対して小さい数字（スコア）ほど難易度が低くなる

10	11	12	13	14	15	16	17	18	IN	TOTAL	COURSE RATE Mens	COURSE RATE Ladies
401	540	451	203	422	378	462	230	525	3,612	7,327	74.2	81.5
385	520	430	192	390	368	440	195	510	3,430	6,902	72.4	79.2
365	505	385	173	365	355	400	164	490	3,202	6,539	70.7	77.3
355	485	374	152	345	342	355	144	480	3,032	6,194	69.2	75.3
320	452	317	145	338	300	343	139	470	2,824	5,794	67.4	73.2
280	445	312	130	315	290	310	115	415	2,612	5,305	65.3	70.6
4	5	4	3	4	4	4	3	5	36	72	HDCP	NET
8	12	14	16	4	18	2	6	10				

TEE MARK		OUT	IN	TOTAL	Preferred Lies	Weather
TOURNAMENT	MIDDLE				Yes / No	
BACK	FRONT					
REGULAR	LADIES					

ティーマーク位置の表示。通常のコンペではフロント、あるいはレギュラー（女性はレディース）を使用する。カード左端に各ティーの表示があるが、その横のラインにある数字がそれぞれのティー位置からのホール設定距離となる

18ホール合計のスコアを記入する。その左側にOUT／IN各ハーフのスコアを記入する

プリファード・ライ。ノータッチ（ボールを動かさず）プレーをしたか、6インチプレースでプレーをしたかを○で囲む

資料提供：太平洋クラブ　御殿場コース

スコアカードの記入例

各ホールの距離はヤードで記されている。１番ホールから順に右へ前半９ホールがOUT、後半がINコース

各ホールの難易度を示す数字。基本的に数字が小さいほど難しいホール

YARDS	1	2	3	4	5	6	7	8	9	OUT
TOURNAMENT	465	435	565	220	400	540	178	447	465	3,715
BACK	445	395	530	195	385	525	157	415	425	3,472
REGULAR	415	385	515	180	370	510	152	400	410	3,337
MIDDLE	409	355	500	158	350	490	140	375	385	3,162
FRONT	395	345	480	130	330	450	130	350	360	2,970
LADIES	335	315	435	126	315	425	127	310	305	2,693
PAR	4	4	5	3	4	5	3	4	4	36
HDCP	5	13	17	9	7	15	11	3	1	

Membership No.							

Date		Y	M	D

Player's Signature

Attested by

プレーヤー（自分）の署名欄。もちろんフルネームで記入する

アテストした（スコアを確認した）プレーヤーに署名をしてもらう

メンバーコースの会員が記入する会員ナンバーの欄。ビジターは未記入

コンペの実施された日付。年／月／日を記入する

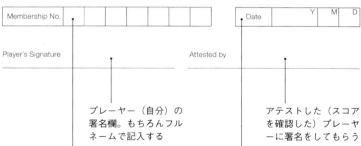

ＰＡＲの欄に記載されているのが、そのホールの規定打数だ。「ＨＤＣＰ」と書かれた欄にある数字はホールの難易度を示しているが、マッチプレーで使う場合に使われるもので、トータルスコアを競う通常のコンペでは使われない。

ハンディキャップの項目には、あらかじめ決められたハンディがある場合は、それを書き入れる。ダブルペリア方式（１１７ページ参照）の場合は記入しない。

スコアを記入し、９ホールのプレーを終えたら各プレーヤーのスコアを確認し、ハーフのスコアを集計する。全ホールを終えたあとも同様に確認する。

プレー後に提出したカードは修正することができない。最後はしっかり各プレーヤーに確認して記入しよう。なお、ホールごとの打数に誤りがなければ、合計スコアの計算は間違っていても修正してくれるので心配しなくてもいい。

スコアの確認で聞き漏らしたら……

プレー中、どのタイミングでスコア記入をするかは注意が必要。パットを終えてグリーン上で書くのは、良いマナーとはいえない。スコアを確認するのはグリーンを降りてからであり、次のホールへ移動するのを優先しなければならない。

カップインして、ボールを拾う際に自分のスコアを申告するのがスマートな方法といえるだろう。

また、相手が申告しているのを聞き漏らすのは失礼にあたる。もし、そのホールで多く叩いていたとしたら、相手の気分をさらに害してしまうからだ。

ただし、聞き漏らしたままとするのではなく、「失礼ですが、先ほどのスコアはいくつでしたか?」と、移動しながらさりげなく聞くのがよいだろう。

Tobari's Eye

かつて日本のプロトーナメントで、スコアを過少申告して優勝を逃すという事件がありました。1960年の日本オープンで、陳《ちん》清《せい》波《は》は2位の小針春芳に2打差をつけて連覇を達成します。しかし、優勝インタビューでボギーをパーと誤記していたことが発覚し、過少申告でまさかの失格に。

しかも、スコアを記入したのは一緒に回った小針でした(陳の確認漏れ)。その小針がくり上げ優勝となり、なんとも後味の悪い結果となったのです。

キャディとの接し方で人間性が見透かされる

新ルールで排除される、甘えたアマチュア

テレビで見るプロゴルフは、プレーヤーごとに専属キャディがしっかりとついている。残りの距離を測り、各ショットにアドバイスを与える。グリーンではラインを読む。ともに戦う姿は印象的だ。

一方、アマチュアのプレーでは、4人（1組）でキャディさんを共有する。サポートをひとり占めするのは許されない。その基本を忘れて、甘えながらプレーする人が

いる。「自分で打ったボールの行方は自分で確認する。ボール探しは自分で」。これは基本だ。

パットのラインを見るとき、キャディさんの意見を聞くのはいいが、すがるように毎回アドバイスを求めていたら、同伴者も迷惑する。

「このパットのラインは上りか、下りか」までたずねるようだと、完全にあきれられてしまう。初心者であっても、限度というものがあるのだ。新ルールでは、プレーヤーの後ろにキャディさんを立たせ、打つ方向を指示してもらう行為が禁止された。

ところが、プロにもこういう選手がい

た。スタンスを決める際、背後にキャディを立たせて方向を確認してから打ったのはジョニー・ミラー。PGAツアーのかつてのスター選手（現在は解説者）だ。

方向、合ってますか……のアドバイス禁止

２０１９年のルール改正前までは、スタンスをとっている（立ち位置を決めている）あいだはキャディに方向を確認してもらうことが許されていた。ただし位置が決まったら、キャディは後方に立ってはならない。

スタンスの微妙な違いまで指摘を受けられれば、安心してスイングに集中できる。ただ、ゴルフとは本来は自分で決めるスポーツで、スタンスをとるのも、当然ながらプレーヤー自身のはず。その基本が確認されることとなった。

それでも、このルール改正によって混乱が生じてしまった。プロですらキャディに過剰なアドバイスを求めたと見られるできごとがあったのだ。

２０１９年のフェニックスオープンで、デニー・マッカーシーのプレーが問題となった。

池に入れてしまったマッカーシーは、ボールをドロップした。そのとき、確かに彼のキャディはマッカーシーの後ろにいた。マッカーシーはアドレスをとって素振りをくり返し、一度スタンスをほどいてから打った。

キャディはすでに背後から移動していたように見えたが、微妙なところ。結果、彼は2打罰を受けてしまう。こうした疑わしい行動はアマチュアであってもつつしむべきだ。

そもそも接待ゴルフにおいては、接待する側がキャディさんにいろいろ聞いていては、プレーの進行に支障をきたす可能性が高いのだ。

Tobari's Eye

ゴルフというのは、つねに自分との戦いであり、風向きなど自分以外のすべての要因も受け入れなければならないスポーツです。そして、まさにそこがおもしろいところ。

ゴルフがビジネスに役立つというのも、あるいはゴルフというものが青少年の育成につながるというのも、始めたらやめられないのも、自分を発見するスポーツだからかもしれません。

ちなみに、渋野日向子は、ほとんどのショットを自分の意思で決めて打っていますね。

バンカーから出せなくてもあせるな！

ムキにならず、いさぎよく出して打つ

ビジネスの場で、どうしても自分だけで解決できない問題が起こったらどうするか？

先輩や同僚に早めに相談し、助けを求めるほうがスムーズに解決できる。

では、ゴルフの場合はどうだろう。たとえば、バンカーショットがどうしても苦手な人はどうするか？

かつては、バンカーでアンプレーヤブル（プレー続行不可能）を宣言して打ち直す

場合も、バンカーの中にドロップ……。あわれみの視線を感じながら、半泣きで打ち続けたら、トラウマになってしまうだろう。

しかし、日本独自のルールでは、2打罰でバンカーの外にドロップして打つことも可能。そう、バンカーショットをしなくてもOKになったのだ。

カップとボール位置を結んだ延長線上にあるバンカーの外に基点を設定し、その基点から1クラブレングス内にドロップして打つ。醜態をさらすよりマシだ。いさぎよく2打罰を受け入れたほうがよい。同様に、ルール改正を知らず、バンカーから出せなくて困っている人には、「ドロップしますか?」と一声かけるといい。ルールを接待ツールとして活用するのが賢明だ。

ルール改正では、バンカー内の「ルースインペディメント(コース上の葉、枝、石、土の塊、虫の死骸など)」も、無罰で取り除けるようになった。打つときに気になるスパイクの跡もならしてOKだ。ただしボールのすぐ近くを触れることはできない。

なお、バンカーからピンが見えない場合、ショットを打つ前にキャディさんに距離や方向を聞くのは問題ない。ただし、方向を聞いた場合には打つ前にその場を離れてもらわなければならない。

「ピンを立てたままカップイン」してＯＫ

かつての無作法がルール化

２０１９年のルール改正で、ゴルファーが「大きく変わった」と口をそろえるのは、「グリーン上でピンにボールを当ててカップインさせてＯＫ」となったことだろう。

これまでは、グリーンでは必ずピンを抜いてからボールを打っていた。ロングパットでピンを立てたままにしているのは、あくまで目印。ボールが転がってきたらキャディなどがピンを抜く光景を何度も目にしてきたことだろう。

ルール改正の目的は、グリーンでいちいちピンを抜いたり立てたりすると、進行が遅れるため、スピードをアップさせるというものだ。

実際、ピンの抜き差しで時間が大きく変わった。抜いたピンをグリーン上に置くのはマナー違反とされ、グリーンの外までピンを運び、そこに置いた。時間がかかったのは言うまでもない。

アダムが言った。「これはビリヤードなのか」

手入れの行き届いた美しいグリーンは、ボールが走るスピードも速くなる。そして、速いグリーンを好む上級者、ベテランゴルファーは多い。

マスターズトーナメントなどで、カップ間際に止まるかと思ったボールが最後にコロリとカップに転がり落ちて大歓声というシーンもよく見られる。こうした劇的なシーンにピンが立っていたら……美しくないと感じる人もいる。

実際に、マスターズチャンピオンであるアダム・スコットが言った。

「ピンを立てて打つのは、パッティングではなくビリヤードだ」

ただし、当人はピンを立てたままパッティングをしている。

ルール上、ピンは抜いても立てたままでも、どちらでもいい。現状では、下りのラインで急加速しそうな場合にピンを立てる人が多い。とくに強く打ちたいと思ったときも立てておくケースが多いはずだ。いずれも、旗に当たって入るなどのメリットがある。

ただ、逆に微妙にはじかれそうなラインでは抜くプロもいる。転がり込むイメージを大事にするプレーヤーなら、ピンが邪魔になってしまうからだ。

ピンを立てたままだと打ち込まれる？

グリーン上でピンを立てたままにしておくことで、注意しなければならないことがある。後ろの組に打ち込まれる危険性があることだ。

これまでは、パットしているときは、ピンが抜かれていたため、「前の組がプレー中」であることが一目でわかった。ピンが立っているのは、プレーが終わった証拠でもあったのだ。しかし、これからはピンが立っていても、前の組のプレーが続いている可能性があるので要注意だ。

日本のゴルフ場は、フェアウェイよりもグリーンのほうが一段高い「砲台グリーン」が多い。ピンを目安にして打ち込まないよう、よく確認してからショットを打とう。

ルールは重要。だが、それにこだわりすぎず柔軟な対応ができ、周囲に目配りできるようになれば、一流への道が開けてくるのだ。

スマートな誤球の防ぎ方

松山英樹にも2打罰の失敗があった

思い込みで犯すミス、確認漏れによる間違い。それは誰にでもある。ラウンド中に起こる「誤球」はその典型的な例だ。

間違えて同伴者のボールを打ってしまうと、2打罰となる。相手に謝るのは当然だ。接待やコンペにおいては、雰囲気を乱してしまうのは間違いない。

2018年のダンロップフェニックストーナメント、初日のこと。松山英樹が新人の星野陸也と同じ組でラウンドしていた。あるホールで、グリーンに来た松山が、誤球したことに気づく。星野もグリーン上に来るまで誤球されたこと、自分も誤球したことに気づかなかった。たがいに2打罰を受け、元の位置で打ち直すことになった。

原因は、2人が同じメーカーのボールを使用していたことだった。ボールには自分のものと認識できる印が描かれていたが、誤球する前のショットで同じような位置のラフに入っており、しっかり確認しなかったのだ。めったにない珍事だが、誤球はプロでも犯すミスである。

ルール上、打った先で自分のボールかどうかの確認がとれないときは、無罰で拾い上げて確認ができる。当然、元あった位置がわかるように、マークしてからボールを拾うことを忘れずに。

ジェネラルエリア（ティーイングエリア、ペナルティエリア、バンカー、グリーン以外のすべての場所）においては、地面にくい込んでいたらボールを拾い上げ、拭くことは許されている。このボールは元の位置にリプレースするのではなく、1クラブレングス内でドロップする。よくあることなので、頭に入れておこう。

ＯＢ後のふるまいにこそ人間性が表われる

暫定球を打つ前には確認と宣言を

接待やコンペでは、緊張や気疲れから、ＯＢ（アウト・オブ・バウンス）などのミスショットがよく起こる。それ自体は気にしすぎることはないが、そのリカバリーをするときにこそ、マナーやルールをしっかり頭に入れておかなければならない。

初めて取引先のＤ重役の接待ゴルフの幹事補佐を任されたあなたは、スコアは二の次と考え、とにかく粗相がないようにプレーしていた。

しかし、疲れが見えてきたインの5ホール目、ティーショットがOB気味に林の向こうに消えていく。

現在のルールでは、探しはじめて3分を超えたらロストボールとなる。疲労もあり、探すのを最初からあきらめたあなたは暫定球を打ち、ボールはラフに止まった。ホッとしつつ、急いでボールが落ちたところへ向かったとき、後ろから声が。

「暫定球を打っていくなら、そう言ってくれないか？」

まさか、接待相手のD重役が、あなたの打ったボールを探してくれていた……。それまで丁寧にふるまっていたことから、ボール探しに協力してくれていたのだ。

当然だが、ボールを探すときは「探してきます」と伝え、暫定球にするならそう伝えなければならない。そして、暫定球はほかの人が打ち終わってから打つべきだ。結局、そのホールは動揺してパターもなかなか入らなかった。

一言がなかったことで、あなたの接待の印象は悪くなってしまったのである。

忘れてはならないマッチプレーの醍醐味

そもそもゴルフはトータルのスコアが関係なかった

プロの大会などで通常に行なわれるゴルフは、ストロークプレーが主流。18ホールを何打で上がったかを競うスポーツとして認知されている。

しかし、ゴルフ発祥の地、スコットランドで始まったころは、マッチプレーだった。マッチプレーは目前に勝負相手がいる。1ホールごとに勝ち負けを決め、勝ったホール数が多いほうが勝者となる。

ストロークプレーとマッチプレーの違い

ゲーム方式	ストロークプレー	マッチプレー
相手	参加者全員	1人
勝敗の決まり方	トータルスコアでの勝負	各ホールごとの勝負
ルール違反のペナルティ	1～2打罰	1打罰、ホール負け
戦い方・考え方	ミスを避けて、大崩れしないようにトータルスコアを良くする	各ホールごとの勝敗なので、大叩きして負けても、次のホールで勝てばOK

負けてもそのホール1つだけ。ストローク戦と比較して大胆なプレーができる点もおもしろい。

一方のストロークプレーは競技参加者の全員が相手になる。18ホールを終えてみないと勝ち負けがわからない。競技としては、ストイックに自分と向き合うという要素が強くなる。勝負の相手は自分なのだ。

マッチプレーは目の前の相手と戦うため、場面ごとに展開が読めておもしろい。ただし、順位をつけるのが困難だ。また、どこで終わるかわからないため、テレビ放映には適していないので、残念ながらトーナメントとしては難しい。

単純明快なマッチプレーのルール

マッチプレーのルールは、難しくない。

1つのホールで勝ったら1アップ。負けたら1ダウン。勝ったホールの数を足していって、「現在2アップ（2ダウン）」という言い方をする。引き分けたらハーフ。全体で引き分けの状態はイーブン（マッチイーブン）、またはオールスクエアという。

残りのホール数を見て、たとえば2ホールを残して3アップとなれば、試合終了。このときの結果は「3（アップして）アンド2（ホール残した）で勝利」となる。

ここで勝たなければ負けが決定するという最後のホールを、ドーミーホールという。勝てば勝負が終わるドーミーホールは「アップ・ドーミー」だ。

ストロークプレーとのルールの違いは、ペナルティに関するもの。ストロークプレーのペナルティは1打罰と2打罰だが、マッチプレーには1打罰だけで2打罰がなく、そのホールは負けとなる。

また、マッチプレーでは、相手にスコアをたずねられたときに、間違ったスコアを申告しただけで勝負が決することがある。修正せずに相手が次のショットを打ってしまうと、そのホールは負け。あなたのわずかなミス、不正が命取りとなる点も勝負としてはおもしろい。

クラブ競技でもマッチプレーがあり、アンダーハンディ（個人ごとのハンディを適用する競技の方法）で行なわれる。

この場合、スコアカードに印刷されている「HDCP」の数字の小さいほうからハンディホールを選択すればよい。たとえば、ハンディ5とハンディ20のプレーヤー力量差があれば、15のホールで1ストロークずつのハンディがつく。

いずれにせよ、勝負師としての力量や戦略の緻密さが問われるマッチプレーに注目するのもいいだろう。

Tobari's Eye

ゴルフで勝ち続けるための絶対条件は内省的で、みずからに厳しいことです。

ジョーダン・スピースは、障害を持って生まれた妹エリーの存在について語っています。

「父と母がエリーをサポートする、その忍耐強さを思えば、ゴルフというスポーツで忍耐するのはどうということはない」

マッチプレーは、相手を打ち負かして最後に勝った者が勝者となりますが、相手をなるべく意識しないゴルファーのほうが結果的に勝率は高いものです。

ボール探しのルールとコツ

制限時間3分、協力は必須

ボールを紛失することをロストボールという。「プレーイング４」（１２１ページ参照）を採用していない場合は、３分経過したら探す時間は終了。１打罰のうえ打ち直しか、暫定球によるプレーとなる。３分はあっという間だ。

もちろん、接待やコンペにおいて同じ組の同伴者が打ち込めば、協力して探さなければならない。見つからなくても、一緒に探そうとする姿勢は評価される。

早く見つけるコツは、ショットをよく見ておくのはもちろん、打つ人のクセを把握しておくことだ。これは自分のクセやフォームの矯正につながるメリットもある。すぐ見つからなければ、「少し高い場所から俯瞰してみる」のが有効。草の深いところや林の中は上からのほうがよく見える場合が多い。

ほかにも、「探し歩いたルートを逆方向からたどってみる」などの手がある。自分が探してもらうことになったら、率先して動き、見つからないと判断するのは3分以内が鉄則だ。ムキにならず気持ちを切り替えよう。

ちなみに、OBを示す白線上にボールが乗った場合、ボールが一部でもコースに入っていればセーフ。白線の真上に乗っている場合は、アウトだ。

Tobari's Eye

探したあとで元の位置に戻って打ち直すのは、時間がかかります。日本独自のローカルルールで「ボールがなくなったと思われる場所から2打罰で打つ」方式が、これまでよく使われていました。

今回のルール改正で、この方式がローカルルールとして世界でも採用されるようになったわけです。

残念な「クラブをたくさん持つ人」

ゴルフクラブは14本まで、その理由は？

ラウンドで使用できるクラブの本数は、14本以内とルールで決められている。少なくてもよいが、15本以上持ってコースに出てはならない。

コースの特徴やコンディションなどによってクラブを使い分けたりする人もいるし、あなたも今後ゴルフを続けていくうちに、自分に合うクラブを追加したり、芝の状況によってパターを使い分けたりするようになるかもしれない。

14本までと決まったのは、1938年のこと。なぜその本数になったのだろう。

もともとは、本数制限は存在しなかった。きっかけとなったのは、1929年にスチールシャフトがR&Aから公認されたことだ。

それまでの木製のシャフトは個体差が大きく、気に入ったものを何本も用意することと自体が困難だった。スチールシャフトは量産できるため、プレーヤーが20本を超えるクラブを持ち込むようになる。

1934~35年に全英アマを連覇したローソン・リトルは20~30本のクラブを持ち込んでいたという。それを運ぶキャディたちは、悲鳴を上げた。

さらに、使うクラブを選ぶのに時間がかかり、スロープレーが目立つようになった。

こうして、本数を決めることになったのだ。

10ヤード刻みで並べると14本がちょうど良かった?

議論が進む中で、各ゴルフコースが、キリのいい1ダース(12本)にパターを加えた13本はどうかと主張した。しかし、キリスト教圏の人々にとって13は不吉な数字であったため、14本になったという説がよく知られている。

1936年にアメリカで開催された男子アマチュアのチーム対抗戦「ウォーカーカップ」で、アメリカのボビー・ジョーンズとイギリスのトニー・トーランスが、クラブの本数制限の話をした記録がある。

ジョーンズは16本のクラブを使用し、トーランスは12本だった。それで2人の中間の14本が良いということになり、トーランスがR&Aに進言して14本になったという説もある。


では、近年のゴルフ史研究家の間で有力な説を紹介しよう。

スチールシャフトの出現で、1930年代にアイアンに番手が刻まれるようになった。1本目のドライバーを220ヤードとして、そこから飛距離の差を10ヤード刻みにしてクラブを並べると、13本目が100ヤードになる。使用しやすく、現実的なセッティングを考えると、これにパターを加えた14本がベストというわけだ。

8本がベスト!?

ゴルファーたちの間でよく知られるのが、14本の半分の7本とパターを合わせた合計8本でプレーするという説だ。

実際に、本数が少なければプレー時間が短縮され、ほとんどの人がスコアアップするという。

熟練のプレーヤーになると、クラブセッティングにこだわりが出てくる。接待やコンペにおいても、この話題が出てくることが多いため、先に紹介した本数にまつわるウンチクを知っておいて損はないのだ。

Tobari's Eye

私自身もそうですが、用具の進化によってクラブのフォーメーションはここ最近、大きく変わりました。

アマチュアのゴルファーには、とくに女子プロゴルファーのクラブフォーメーションが参考になるでしょう。ドライバー、ウッドの3番、5番、7番、9番、11番（もしくは「ハイブリッド」）の5番、7番など）に、6〜9番のアイアンとロフト角※48度〜58度のウェッジ2〜3本、パターの全14本が現在多い組み合わせです。

※地面に真っすぐ下ろしたときの垂直線とフェース面との間にできる角度のこと

6番ホール

ココで差がつく

用具の話

ラウンド前日にチェックするモノ

グリップの劣化は念入りに確認する

ゴルフは予測不能を楽しむスポーツだ。だからこそ、準備できることは抜かりなくしておくことが重要になる。前日、ラウンドに向けて高まる気持ちを抑えて、もう一度チェックをしてみよう。

最初は、キャディバッグとその中身だ。

すべての方向から観察する。素材の劣化でベトベトしていたり、雨の日のプレー後

に放置して、カビが生えたりしていないかは確認が必要だ。これは、見た目の問題だけではない。誰かの車に同乗して向かうとき、カートに積み込むときに、汚すなどして迷惑をかけないためのチェックである。

ネームタグも確認する。移動中などに外れてしまうことがあるからだ。当日になって準備するのは難しいが、名刺をひもでくくりつけたり、余っているネームタグをもらって手書きの紙を貼ったりしても代用できる。

ゴルフクラブの確認ももちろん怠ってはならない。練習で使ったクラブが入ったままになっていて、14本を超えたりしていないか見ておこう。

久しぶりにプレーする場合は、グリップが劣化していないかのチェックが必要。グリップのゴムは、高温になりやすい車のトランクやクローゼットの奥に長期間置いたままにしていると、ひびが入ったりする。見た目に問題はなくても、酸化して硬くなっている場合もあるので、1本ずつ握って確認したほうがよい。

ヘッドカバーをしているクラブは、外して中身も確認する。ヘッドカバーは自分のものなのに、誰かのクラブが入っていることもあるからだ。キャディバッグのポケットの中の確認も忘れないようにしたい。

ボールは最低でも9個。グローブはできれば2枚。ティーやマーカーは多いに越したことはない。何にでも使えるようなタオルも入れておこう。キャディバッグのポケットに入っているべきものは、ゴルフ場の売店でも売っているので、プレー当日の朝、補充することもできる。

帰りの服装もドレスコードを意識

クラブ以外の道具も確認する。ゴルフシューズはソールに注目。最近はソフトスパイク（鋲）のシューズが主流で、キットがあれば、自分でも交換できる。

商品によってまちまちだが、10ラウンドを超えたあたりからは摩耗具合を注意深くチェックして、すり減っている場合は迷わず交換しよう。めったにプレーしない人でも、経年劣化を考えて3年ほどで交換したほうがよい。

なお、大手メーカーのスパイクはゴルフ場の売店で買える。初心者は大手メーカーのシューズを選び、いざというときに対処できるようにしておくのがコツだ。

ゴルフウエアの着替えも当然用意する。天候によって汚れることがあるからだ。また、ウエアに気をとられて、下着や靴下を忘れないよう注意しよう。夏ならサングラスや日焼け止め、冬なら使い捨てカイロや防寒具なども必要となる。

ちなみに、プレー後に風呂に入ったりして着替える場合は、ドレスコードを意識してラフになりすぎないよう注意が必要だ。

初めは先輩ゴルファーに聞くなどして、情報を集めていけば安心だ。経験を重ねるうちに、必要なモノやメンテナンスのタイミングなどは自然とわかってくる。センスが試されるのはそれからだ。

パターカバーで悪評から身を守る

傷つきやすいパターが主流

かつてのパターは、ぶつかり合っても傷がつかないように、硬い素材が使われており、傷に強い表面加工がされていた。ところが、パターカバーが当たり前になったことで、近年は柔らかい素材が使われるようになり、表面加工をしなくなったのだ。

現在のパターの多くは、当たり傷（クラブ同士がぶつかってできる傷）に弱い。パターカバーをしないと、自分のパターはもちろん、同伴者のパターを傷つけてしまう。

当たり前の話だが、同伴者がパターカバーをしていれば、自分のパターカバーは外してもいい、とはならない。ネックまで覆うタイプのパターカバーならそれで問題はないが、大型ヘッド用のパターカバーはネックがむき出しになっている。ネックについた当たり傷はよく目立つ。

パターは重要なクラブであり、こだわりを持って使用している人が多い。ネックの傷を気にしない人もいるが、傷をつけた人に対しては当然不信感を持つだろう。

パターカバーはただ使わないだけで、自己中心的で他者への配慮がない人間だというレッテルを貼られてしまう怖いアイテムといえる。

購入したときについていたパターカバーを長年使い続ける人もいる。表面の素材がはがれて同伴者のパターカバーを汚してしまうこともある。そうなる前に、パターカバーは新調したい。もう1段階先の心配りも必要だ。

なお、パターを打つ前に自分でカバーを外してポケットに入れたのに、しまうときキャディさんに「カバーをください」と言う人は多い。これはキャディさんに不評なので要注意だ。

ティー、マーカーは複数用意して接待ツールに

長いティー2本、短いティー3本、マーカー2個

すべてのホールにおいて、ティーとグリーンだけは同伴者が必ず集合し、目の前でプレーを披露する。そこに立って右往左往するのは恥ずかしいことで、準備が足りない人間と見られるのも避けたい。

長いティーは2本以上。短いティーは3本以上用意しておく。プレー中に破損したり、なくしたりしても困らないようにするのは鉄則だ。

　また、接待ゴルフにおいては、さらに予備を1、2本は用意しておく。「よろしければお使いください」くらいのことは言えなければならない。

　ボールマーカーは、お気に入りのものが百円玉より大きければ、小さく目立たないもの1個と合わせ、2個を携帯しよう。離れても見失わない大きめのマーカーが使われるようになったのはここ20年くらいのこと。これがカップの近くにあると、ラインに関係ない場所からパットするときも、気になることがある。

　とくに年輩の上級者とラウンドする場合は、相手のマーカーをさりげなくチェックして使い分けたほうがよいだろう。

Tobari's Eye

　私は、プラスチック製ではなく、木製のティーを使います。
　折れることもありますが、当たったときの感触が、やはり木のほうがよいからです。多くのプロ選手も同様に木製のティーを使ってます。
　また、プラスチック製のティーをそのままにしておくと、コースの整備をする芝刈り機の刃を傷つけてしまいます。もし、飛んでいってしまったときは、必ず拾いましょう。

用具の手入れでわかる腕前と性格

ボールに泥がついたままパッティングするのはNG

接待やコンペにおいて、ショットをミスしたときにクラブを投げる人はさすがにいないだろうが、キャディバッグにしまうときに雑に扱う人は多い。同伴者のクラブに傷をつけるかもしれないという配慮がないのだ。

ゴルフ用具をどのように扱うかを見ていれば、性格がわかる。逆にいえば、あなたがどう扱っているかは、同伴者にしっかり見られている。

セルフプレーの場合、タオルが必要になる。グリーン上でマークして拾い上げたボールをタオルで拭くからだ。ただし、汚れていないのに、その都度しっかりボールを拭いていれば、「神経質な人かもしれない」と思われるだろう。

ボールに泥がついたままパットするのは、かなりまずい。「技術が未熟な人」、または「視野が狭い人」「だらしない人」と見られてしまうからだ。

グリーン上では、みんな慎重になるので時間に余裕ができる。自分のボールだけ拭くのではなく、接待相手にも声をかけて拭いてあげると、好感を持たれるだろう。

なお、ボールについた泥をグリーンの芝生にこすりつけてとるのはNGだ。ティーの周辺にボールウォッシャーがあるなら、ポケットに入っている予備のボールも含めてきれいにしてもよい。待たせて洗うのはよくないが、同伴者に一声かけてから使えば、ほどほどに清潔感があると見られるので、あまり悪印象はない。

ボールウォッシャーには複数のタイプがある。基本的には取っ手を引いて中にボールを入れ、取っ手を前後させて使用する。

泥つきアイアンは成績が不安定になる

泥に関連するものとしては、アイアンの手入れも重要だ。アイアンの溝に泥がついたままになっていると、ショットの際にスピンがかからないことがあり、ショットが安定しない原因となる。ヘッドカバーをしていなければカートで運ぶときに全員に見られるので、ショットのあとに泥がついているか確認するクセをつけたい。

クラブについては、サビ対策も必要だ。雨の日や雨が降ったあとのプレーでは、タオルを複数枚用意しておく必要がある。面倒でもクラブはしっかり拭こう。

サビに関して、ヘッドやシャフトの素材の観点からいえば、次のようになる。

①軟鉄素材、スチール素材

サビに弱い。キャディバッグの中に入れたままにしておくと、知らず知らずのうちにサビが発生することがある。

②ステンレス素材

軟鉄やスチールよりはサビにくいが、サビたクラブと一緒にキャディバッグに入れておくと、もらいサビが発生することもある。

③カーボン素材

サビない。

いずれにしても、プレー後は乾拭《からぶ》きして水分を取り除く必要がある。キャディバッグの湿気をとるキットもあるので、活用したい。

そして、サビが発生したクラブはもう使うべきではない。どんなに高級品であっても、ショットに支障をきたしたり、突然壊れたりすることがあるのであきらめよう。

ドライバーは進化し続ける

木からメタル、チタン、カーボンへ

現在の「ゴルフ」が誕生してから数百年間、クラブはすべて木製だった。だから現在も「ウッド」という名称が残っている。初期のヘッドはバラの木で、のちに軽くて加工しやすいパーシモンという柿の木が使われた。１９８０年代前半まで、このパーシモンが主流だった。

その後、１９７９年に登場したメタルウッドをプロが使うようになり、金属製が主

ドライバーの素材の変遷

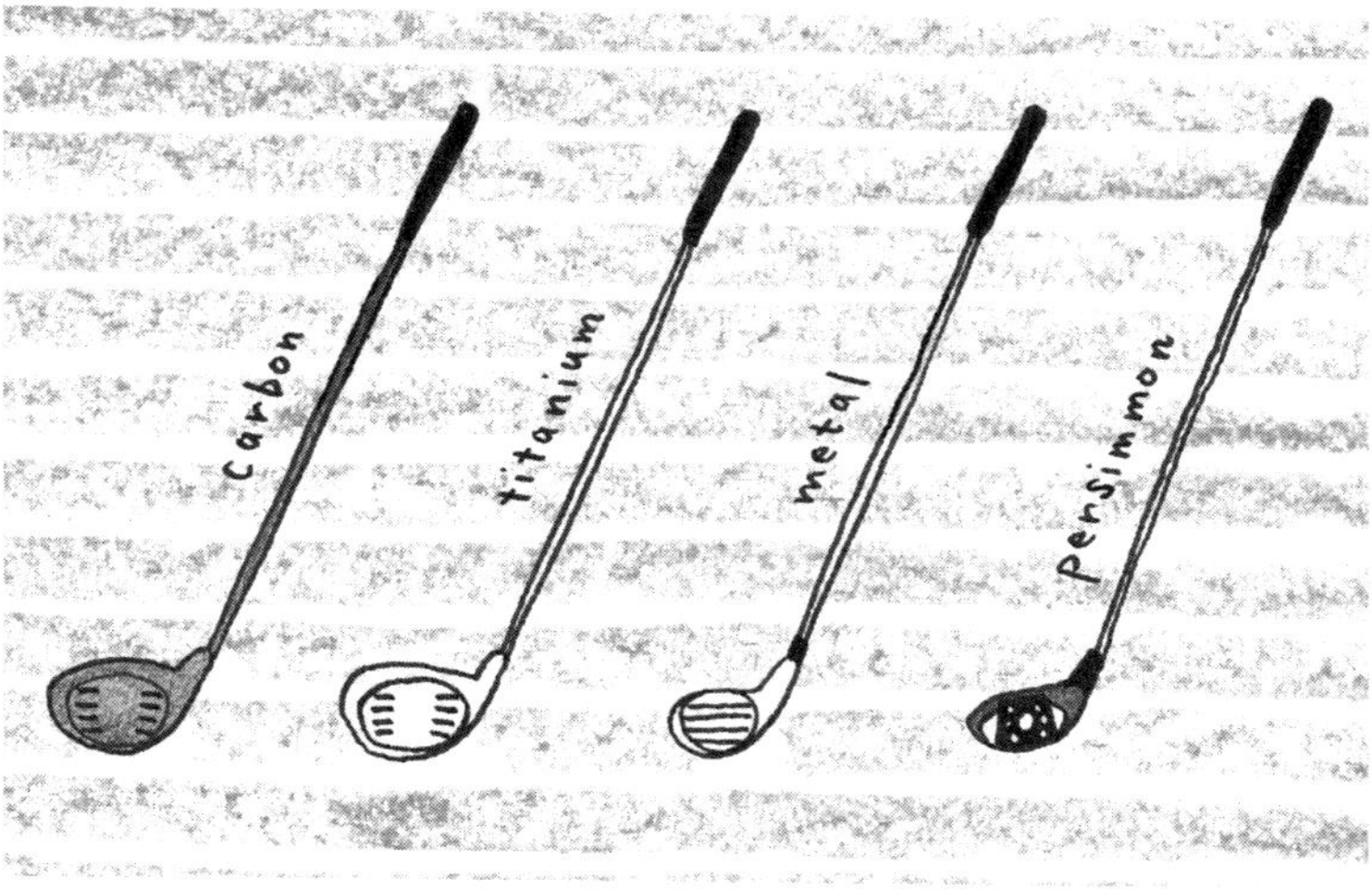

流となる。以後、どの素材が飛ぶかという研究が続けられていった。

1990年代にチタン合金製が登場し、ヘッドの大きさはそれまでの倍以上となる。

2000年代にカーボン製が登場し、現在はカーボンとチタンの複合素材製が主流だ。

進化の過程で飛距離は格段に伸びた。米男子ツアーのドライバー平均飛距離で、初めて300ヤードを超えたのは、飛ばし屋のジョン・デイリー。2005年には26人が300ヤードを超える。

2018年には60人が平均飛距

離300ヤードを突破した。

　2019年（10月現在）の米男子ツアーの平均飛距離ランキングによると、1位はアメリカのトニー・フィナウ。平均値は335ヤードという驚異の数値を叩き出している。日本人の最上位（31位）は松山英樹で、303ヤードとなっている。

　ヘッドが軽くなったことで扱いやすくなり、女子でも平均270ヤードを超える選手が20人近くいる。

　2019年（9月現在）の米女子ツアーの平均飛距離ランキングでは、オランダのアン・バンダムが284・1ヤードでトップ。日本人の最上位（36位）は、畑岡奈紗の265・7ヤードだ。

Tobari's Eye

大きく、軽く、反発のいいチタン。ですが、飛びすぎることから大きさや反発、初速度に関する規制や制限も増えました。
　ドライバーの進化はまだ続くでしょうが、どこが変わっていくかは難しいところです。
　現在はヘッドもさることながら、ボールが上がりやすいか、ヘッドスピードが速くなるかを、シャフトに求めるようになりつつあります。これからは、シャフトの開発競争が激化するかもしれません。

実力、身の丈に合ったクラブの選び方

3つのポイントと試打で決める

ゴルフは「弘法、筆を選ぶ」スポーツだ。トッププロですら、愛用するクラブが破損したことがきっかけで、不調に悩まされることがめずらしくない。

技術やパワーの不足を補ってくれるクラブは、存在する。当然、価格や品質も重要ではあるが、飛距離、方向性の確からしさ、フィーリングの3つの観点から、自分に合ったクラブを選びたい。

もっとも気になるのは飛距離だが、クラブの素材によって大きく変わることはない。体格や打ち方によって変わるのだ。技術面を考えたときには、むしろ飛距離よりも方向性に重きを置く人が多い。とはいえ、アマチュアならば80台のスコアを出せるくらいでなければ自分に合うクラブを見つけるのは難しい。

フィーリングとは、持った感じや打球感を指す。とくに初心者の場合は、「気持ちよく振れて、気持ちよく当たる」ものを使うのがよい。多くのゴルフショップには、試打ブースがあるので迷わず利用することをおすすめする。

では、大きく分けてどのタイプにどんなクラブが向いているか、ポイントを簡単に解説する。

①シャフト

一般的に、ヘッドスピードが速い人は硬めのシャフト、ヘッドスピードが遅い人は柔らかめのシャフトがいい。

②グリップ

手の大きさに比例する。小さい人は細いほうが向いている。

③ヘッド

先に説明したとおり、素材よりも持った感じや打球感、方向性の確からしさで選ぶのがいい。

アイアンのヘッドは、「ライの角度」が重要となる（下図参照）。ライの角度は、身長によって微妙に変わる。7番アイアンの場合、一般的には、身長が170センチの人は62度、175センチの人は63度、180センチの人は64度が目安とされる。ゴルフショップで測定しよう。

いずれにしても、自分がどういうタイプなのかを知る必要がある。感性はもちろん、客観的なデータも参考になるはずだ。

経験を積み、上達していくにつれて、見栄を張って「ブランド」にこだわる人もいる。しかし虚栄心が満たされるのは、ほんの一瞬。自分に合っていないクラブではミスショットを連発してしまうのがオチだ。

ライの角度

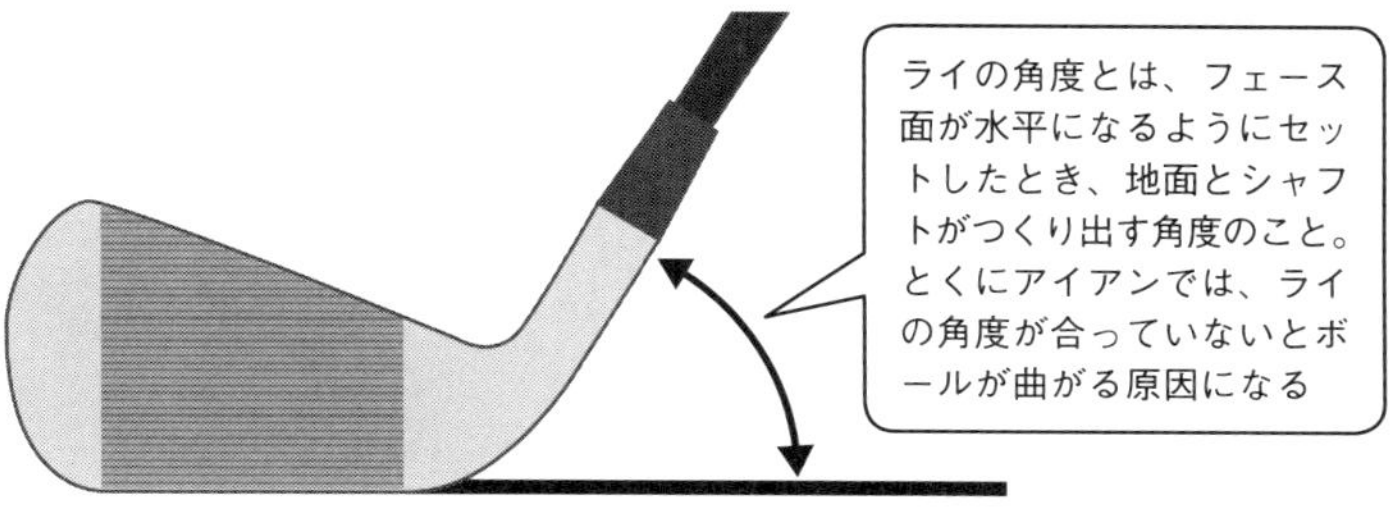
ライの角度とは、フェース面が水平になるようにセットしたとき、地面とシャフトがつくり出す角度のこと。とくにアイアンでは、ライの角度が合っていないとボールが曲がる原因になる

執筆者紹介（50音順）

赤坂《あかさか》 厚《あつし》
スポーツジャーナリスト。日本ゴルフジャーナリスト協会会員。東洋経済オンラインなどに連載中。

北《きた》 徹朗《てつろう》
武蔵野美術大学教授、東京大学非常勤講師、博士（医学）、経営管理修士（専門職）、ゴルフ市場にくわしい。

篠原《しのはら》 嗣典《つぐのり》
ロマン派ゴルフ作家。日本ゴルフジャーナリスト協会会員。動画の試打レポートがライフワーク。

山本《やまもと》 眞《ま》理《り》子《こ》
ゴルフマナージャパン研究所代表。日本のゴルフのグローバルマナーとおもてなし力を、世界トップにすることを目指している。

山本《やまもと》 光孝《みつたか》
ライター。日本ゴルフジャーナリスト協会会員。ゴルフのルールや慣習にくわしい。ザ・ファーストティ認定コーチ。

■参考文献

『明日へのフェアウェイ ゴルフを考え直す40章』戸張 捷（講談社）
『人生のコーチはいつもグリーン上にいた』戸張 捷（小池書院）
『こっそり教えるゴルフの雑学』戸張 捷（永岡書店）
『ゴルフを以《も》って人を観《み》ん』夏坂 健（日経ビジネス人文庫）

■スタッフ

編集・構成・DTP／造事務所
本文デザイン／渡部浩
イラスト／suwakaho

■協力

小関洋一

戸張　捷（とばり　しょう）
ゴルフプロデューサー。1945年、東京都港区高輪に生まれる。慶應義塾大学商学部卒業後、住友ゴム工業（株）を経て、現在は（株）ランダムアソシエイツ代表取締役。ゴルフトーナメントのプロデュース、ゴルフコースの設計・監修などを手がける。ゴルフキャスターとして、全米オープンや全英オープン、フジサンケイクラシックなどの解説を務める。著書に『明日へのフェアウェイ』（講談社）、『人生のコーチはいつもグリーン上にいた』（小池書院）など、訳書に『サラゼン・ウェッジ』（小池書院）がある。

ビジネス教養《きょうよう》としてのゴルフ

2020年 4 月24日　初版発行

監修／戸張《とばり》 捷《しょう》

著者／造事務所《ぞうじむしょ》

発行者／川金 正法

発行／株式会社KADOKAWA
〒102-8177　東京都千代田区富士見2-13-3
電話 0570-002-301（ナビダイヤル）

印刷所／株式会社暁印刷

ISBN 978-4-04-604398-6　C0030